# 자살 예방학이 시로 태어나다

초판 1쇄 발행 2023년 6월 1일

지은이 김보미
펴낸이 장현수
펴낸곳 메이킹북스
출판등록 제 2019-000010호

디자인 박단비
편집 박단비
교정 강인영
마케팅 장윤정

주소 서울특별시 구로구 경인로 661, 핀포인트타워 912-914호
전화 02-2135-5086
팩스 02-2135-5087
이메일 making_books@naver.com
홈페이지 www.makingbooks.co.kr

ISBN 979-11-6791-383-8(03810)
값 19,000원

ⓒ 울봄 김보미 2023 Printed in Korea

잘못된 책은 구입하신 곳에서 바꾸어 드립니다.
이 책의 전부 또는 일부 내용을 재사용하려면 사전에 저작권자와 펴낸곳의 동의를 받아야 합니다.

홈페이지 바로가기

메이킹북스는 저자님의 소중한 투고 원고를 기다립니다.
출간에 대한 관심이 있으신 분은 making_books@naver.com로 보내 주세요.

- 지금 사랑하고 다시 사랑하라 3번째 시리즈 -

# 자살 예방학이

# 시오 태어나다♥

울봄 김보이

메이킹북스

## 인사말

안녕하십니까? 현재 한국 자살 예방 센터 연구원과 구리시 남양주시 지회장과 전국 청년 위원회 자살 예방 위원회 위원장을 맡고 있는 김보미 축복 봉사단 단장입니다. 3번째 시집으로 여러분을 만나게 된 시인인 울봄 김보미 작가이기도 합니다. 남의 시선, 사회적 기준에 묶여 있다가 자살을 시도하고 다시 살아난 후 나만의 30cm '자'에 살고 있는 자아입니다. 30cm 길이여도 자아 존중감만 충족이 된다면 충분히 살아갈 수 있습니다.

저는 자살 시도자입니다. 25년 차 극복 시도자이기도 합니다.

극복하는 매 순간마다 자살 예방학 관련 심리학 자격증과 공부를 지속적으로 하는 게이트 키퍼이기도 합니다. 자살은 개인의 정신병적 질환에 국한되는 단어가 아닙니다. 자살 예방학으로 많은 생명들을 살릴 수 있습니다. 조금만 관심을 가지고 기본 교육만 받으시면 생명을 구할 수 있는 게이트 키퍼가 양성될 수 있습니다. 살고 싶어서, 살리고 싶어서 함께 살아 보고자 이 책을 썼습니다.

혹시 우울하신가요?
혹시 자살을 생각하시나요?

반드시 이렇게 직접적인 질문으로 시작해야 합니다.[1] 사람에겐 누구나 죽음이 찾아옵니다. 그러니 크게 슬퍼할 이유도 두려워할 필요도 없어요. 다만 처음보다 끝이 아름다운 사람으로 매일 살아가는 거라고 생각합니다.

제가 생명의 끝에서 다시 살기 위해 쓴 시가, 독자분들의 자아 존재감과 자아 존중감을 높이는 데 촉매제가 되길 바라 봅니다. 제게 죽음과 자살을 상담하시는 내담자분들께 간절하게 바라는 것은 오늘만은 살아 달라는 간절한 부탁일 때도 많습니다. 자살은 순간이고 모든 구름에 비가 들어 있지 않다는 것을 강조합니다. 모든 시간이 불행하지 않음을 함께 고뇌하고 극복하려는 방법을 찾아가보려고 이 시집에 마음을 담아 보았습니다.

20대 초반, 약한 자아 탄력성과 자아 존중감으로 우울증에 심하게 힘들어하며 보냈습니다. 이렇게 힘들고 고통스럽고 외로우니 누구라도 나를 살려 달라고 보아 달라고 외치는 절망의 자아 상태가 지속되었습니다. 이때가 심리적 고립 상태입니다. 그 시절에 생명지킴이 게이트 키퍼가 있었다면 수면제를 먹고 자살을 시도하지는 않았을 거라는 생각이 듭니다. 다행히도 어머님께서 약통의 위치를 바꾸어 놓으셔서 수면제가 아닌 설사약이었고, 화장실에서 산고의 고통을 겪으며 죽을 뻔하다 살

---

1) 참조: KBM 자살 예방 위기 개입 8단계 중 1단계 D(direct question) 자살(Suicide)을 생각하고 있는지 직접적으로 질문하라.

아나서 이제는 웃으며 추억으로 이야기합니다.

그만큼 자살은 순간이며 뒤돌아 생각하면 한없이 부끄러운 순간입니다. 제가 우울하고 힘들 때 자원봉사를 하면서 느낀 많은 감동의 마음을 담은 시들이 모여 《지금 사랑하고 다시 사랑하라》의 3번째 시리즈가 출간되어 매우 뿌듯합니다.

이번 《지금 사랑하고 다시 사랑하라》 세 번째 시리즈는 자살 예방학 주요 개념 단어와 함께 그것을 주제로 지어진 시를 소개함으로 독자들에게 자살이라는 단어가 정신병적 단어가 아닌, 자살 예방학으로 생명을 다시 살릴 수 있는 '살자'의 단어가 되도록 접근하며 집필했습니다.

2023년 4차 혁명으로 사회는 빠르게 진화하고 양자역학이나 인공 지능에 적응하지 못하는 많은 부적응자들은 고립과 우울증을 겪고 있는 게 현실입니다. 시는 잠시 빠르게 돌아가는 사회에서 느림의 여유를 느낄 수 있는 자아 존중감을 키우는 좋은 방법입니다. 여러분들도 잠시 멈추시고 한 편의 시를 써 보시는 것을 권유합니다. 저출생 인구 소멸 대한민국에서 살아 있는 생명을 소중히 살리는 자살 예방학은 어느 때보다 중요한 생명 윤리 학문입니다. 중학교·고등학교·대학교와 전문 센터에서 체계적으로 국가 예산과 법령으로 의무 교육으로 받을 수 있기를 간절히 희망합니다.

2023년 청년들의 자살률이 증가되고, 초등학교 5학년 학생이 자살을 시도하는 점점 극단적인 양상을 보인다는 통계와 뉴스를 접하면서 그 원인과 대책을 청년들과 직접 소통해 보고자 전국 청년 위원회에 청년 자살 예방 위원회를 건의하였고, 이를 함께해 주고 있는 전국의 청년 위원님들께도 감사의 마음도 전합니다.

20살 철부지 김보미 자원 봉사자 학생이 45세 비영리 단체의 단체장이 되어 축복 봉사단 식구들과 함께 전국적으로 생명 살리기 캠페인을 진행하고 있고, 국회와 지역사회에서도 생명 살리기 작품 전시회를 개최하고 있습니다. 함께 살아가고 싶은 간절함 때문입니다.

이 책에서는 자살 예방학을 공부하거나 강의할 강사분들이라면 꼭 자세히 심도 있는 연구를 해야 할 개념 단어들을 함께 언급했습니다. 책 뒤편에 검색할 키워드를 참조하시기 바랍니다.
 간단한 개념 소개만 한 것은 각자 본인이 공부하고 싶은 단어를 검색 후, 자신만의 지혜로 만들기를 바라서이기도 합니다. 카카오톡에서 개발한 AI로 정보를 정리하는 것은 각자의 몫이기도 합니다. 2010년 이후 출생 팝콘브레인, 즉 디지털 네이티브 분들에게 쉬운 즉석 검색 학습 문화에 어색한 독자들은 신문이나 도서에서도 해답을 찾으실 겁니다.

무엇인가 잘하려 하지 마세요. 누구에게 잘 보이려 하지 마세요. 그냥, 아프면 아프다고, 쉬고 싶으면 잠시 쉬는 겁니다.
 이것이 지금 필요한 자아 현실 인정성입니다.

저는 거대한 사회적 기준을 버리고 저만의 30cm 자를 만들어 살고 있습니다. 1cm만 올라가도 성공이고, 5cm가 내려가도 고작 5cm 내려간 것이니까요. 사회적 거대한 1,000m 높이로 성공과 행복의 기준에 자신을 학대하지 마셔야 합니다.

나를 살게 할 수 있는 자신만의 인생 척도를 드시는 과정이 가장 중요합니다.

40대 중반에 아직 서툰 글들을 너그러이 응원해 주신 사랑하는 우리 엄마 이명순 여사와 늘 아래부터 위에까지 헌신으로 봉사해 주시는 대한민국 축복 봉사단 임원진(김현, 노현서, 조은주, 장민석, 이희원, 노장덕, 김진록, 문혜리, 김정수, 임성덕, 백지윤, 박창섭 목사님) 분들과 대한민국 삼정(동물·사람·환경) 봉사단 명재승 대표와 임원진 분들, 그리고 한국 자살 예방 센터 정택수 교수님과 경희대 아동 복지 동기님들·광운대 경영대학원 박원희 교수님과 경영 정보 동기님들, 중앙대 대학원 의회학과 동기님들·예명대학교 대학원 권진 교수님과 18기 동기님들 고려대 명강사 11기 동기님과 서일정 대표 강사님, KMA 역사 포럼 김칠주 대표님과《자살과 인생》의 저자 권주혁 교수님, 인생 디자인 대학 최경수 이순종 교수님 정동욱 홍익대 미술학 박사의 봄 글씨 선물 등 많은 분들의 가르침에 깊이 존경과 감사를 드립니다.

정치와 봉사 활동, 그리고 작가 활동까지 많은 분야에서 활동하는 엄마라서 늘 기다려 주는 나의 사랑하는 아들 재우와, 4살 때부터 엄마와 함께 봉사 활동과 시 쓰기에 동행해 준 예쁜 딸 서희, 누나라는 직권으로 고생만 시킨 나의 든든한 동생 인철이 나의 영혼의 벗 노동규와 백은경님. 여러분들 덕분에 저는 살아 있고, 살아갑니다. 감사드립니다, 살아 있음에.

심장 위에 네 잎 클로버를 올려 보는

2023.05.05

울봄 김보미 올림

## 차례

| | |
|---|---|
| 인사말 | 4 |
| 축사 및 추천사 | 12 |
| 축복 봉사단 식구들에게 드리는 시 | 32 |
| 자살 예방 생명 살리기 작품 전시회 | 36 |
| | |
| KBM(김보미) 자살 예방 위기 개입 8단계 | 40 |
| 자살 생존자에게 보내는 시 | 43 |
| 자살 생존자란 무엇인가? | 44 |
| 심연 회복(深淵 回復) | 45 |
| 회복 탄력성이란 무엇인가? | 46 |
| 트라우마 1 | 49 |
| 트라우마 2 | 49 |
| 심연: 深淵 깊은 절망의 늪 | 53 |
| | |
| **김보미 작가의 제1회 자살 예방 생명 살리기 작품전** | 70 |
| | |
| 강가에서 | 75 |
| 마지막 온기 | 77 |
| 대한민국 축복 봉사단 단장으로 봉사 활동을 하며 | 78 |

| | |
|---|---|
| 섬광 기억 | 79 |
| 섬광 기억[Flashbulb Memory, 閃光記憶] | 80 |
| 비월 | 84 |
| 주저흔 | 98 |
| 좁은 길 | 103 |
| 울지 마라 | 112 |
| 인생 마술사 | 121 |
| 베르테르의 기쁨 | 123 |
| 은행보살 | 128 |
| 청춘 인생 힘내 보자 | 131 |
| 순결한 사랑 | 132 |
| 낮과 밤 | 134 |
| 연극 인생 | 136 |
| 허리띠로 구타당하던 중학생 | 140 |
| 커피 10잔 할머님 | 143 |

**맺는말**     152

## 축사 및 추천사

생명 살리기 작품전에 축사를 보내주신 분들의 이미지를 함께 올려드립니다.

[생명 살리기 자살예방 작품전시회]

## 축 사

더불어민주당 성북갑 국회의원 김영배

안녕하십니까, 더불어민주당 성북갑 국회의원 김영배입니다.

어느덧 2023년의 추운 겨울이 다가왔습니다. 이번 추운 겨울날, '생명살리기 자살예방 작품전시회'라는, 가슴 따뜻한 전시회가 개최된 것을 진심으로 축하합니다. 또한 열 정성과 따듯함으로 주변까지 환하게 비추는 좋은 길녘이 작가님과, 함께 전시를 준비해주신 작가님들께 감사의 말씀을 드립니다.

우리는 매 해마다 '대한민국 자살률은 OECD 평균의 2배이다', '10대 청소년 자살률이 증가한다.' 등과 같은 얘기를 종종 듣곤 합니다. 더군다나 2020년 시작된 코로나는 대인 간 접촉을 크게 감소시켜 각자도생의 생활방식을 촉진했고 그 속에서 물질적 정신적 고통을 겪는 개인들이 국민적인 생명을 하는 경우가 증가했습니다. 요즘 며칠 경우에 우리 국민들의 자살 생각률이 세 배나 늘었고, 특히 청년세대의 자살이 높아졌다는 뉴스는 우리가 무엇을 함께 극복해 나가야 하는지 다시금 생각하게 합니다.

자살은 그저 개인의 일이고, 그 사람이 나약한 것이라고 치부해서는 안 됩니다. 걱정만 사랑은 자살 위험이 있는 개인에게 관심과 도움을 줄 수 있어야 하며 그것은 곧 사회가 매 경청해주시는 것입니다.

그런 의미에서 이번 전시회는 그동안 작가 도생하는 분위기에 무대어떤 사회를 일깨우주 일을 이들에게 절대 혼자가 아님을 알려주는 계기가 되었으면 하는 바램입니다.

다시 한번 '재일 시인 길녘이 작가와 함께하는 생명살리기 자살예방 작품전시회' 개최를 진심으로 축하드리며, 전시회를 통하시어 따뜻한 마음들이 보다 많은 사람들에게 자살 대신 희망을 전달하길 기원합니다. 감사합니다.

**더불어민주당**
**성북갑 국회의원 김영배**

## 명재승
더불어민주당 경기도당 동물 보호 특별 위원회 공동 위원장
삼정 봉사단 설립 대표
엠플러스 산업 개발 대표

[생명 살리기 자살예방 작품전시회]

### 축 사

먼저 생명살리기 자살예방 이라는 주제로 국회 의원회관에서 뜻깊은 작품전시회에 함께 설 수 있는 기회를 주신 김영배 국회의원님과 시민 몰볼 김보미 작가님께 감사 인사를 드립니다. 또한 전시회를 열 수 있도록 처음부터 작품 디자인과 시안을 잡아주신 현총명 위원장님께 감사 인사를 드립니다.

"당신은 소중한 사람입니다."

현재 한국은 OECD 회원국 중 자살률 1위라는 오명을 지우지 못한 채 오래봅니다. 저출산 고령화로 노인 자살률 또한 매우 높습니다. 특히 빈가구 증가와 실질적인 경제적 고립이라는 이유로, 청년노인이 홀로 독거사하는 일들이 많이 발생하고 있습니다. 또한 독독층으로 인한 자살도 경제적 고립이라는 이유가 설정입니다.

이에 더불어민주당 경기도당 동물보호특별위원회 공동위원장으로써 반려동물과 함께 고경하며 자살률을 낮출 수 있는 지원정책 발굴과 자살예방론도 연구하고 대책 건립회동을 함께 하고 있습니다.

이 전시회를 통해 여러 많은 국회의원들의 관심으로. 경제적 고립에 처한 독거인과 청년에게 실질적인 도움을 주는 정책과 제도 개선을 하여 자살예방 생명살리기 캠페인을 전국적으로 이어가고 교육과 전문가 양성과정들을 실시하여 저출생 국가에서 살아있는 생명의 소중함을 중시하는 많은 활동들이 일어나길 기대합니다.

제가 설립 대표로 있는 삼정(사랑·동물·환경)봉사단에서도 이번 전시회 후원과 함께 자살예방 생명존중 캠페인을 적극 동참하겠습니다. 감사합니다.

**명 재 승**
더불어민주당 경기도당 동물보호특별위원회 공동위원장
삼정봉사단 설립 대표
엠플러스산업개발 대표

김보미 작가님의 《지금 사랑하고 다시 사랑하라》 시집 3번째 시리즈인 《자살 예방학이 시로 태어나다》 출판을 축하드립니다.

"당신은 소중한 사람입니다."
현재 한국은 OECD 회원국 중 자살률 1위라는 오명을 지우지 못한 지 꽤 오래됐습니다.
저출산 고령화로 노인 자살률 또한 매우 높습니다.
특히 1인 가구 증가와 실질적인 경제적 고립이라는 이유로 청년. 노인이 홀로 독거사하는 일들이 많이 발생하고 있습니다. 또한 우울증으로 인한 자살도 경제적 고립이라는 이유가 클 것입니다.

이에 더불어민주당 경기도당 동물 보호 특별 위원회 공동 위원장으로서 반려동물과 함께 교감하며 자살률을 낮출 수 있는 지원 정책 발굴과 자살 예방론도 연구하고 대책 간담회 등도 함께하고 있습니다.

《자살 예방학이 시로 태어나다》를 통해 전 국민들의 관심으로 경제적 고립에 처한 독거노인과 청년에게 실질적인 도움을 주는 정책과 재도 개선을 하며 자살 예방 생명 살리기 캠페인을 전국적으로 이어가고 교육과 전문가 양성·파견 등을 실시하여 저출생 국가에서 살아 있는 생명의 소중함을 중시하는 많은 활동들이 일어나길 기대합니다.

제가 설립 대표로 있는 삼정(사람·동물·환경) 봉사단에서도 이번 출판의 후원과 함께 자살 예방 생명 존중 캠페인을 적극 동참하겠습니다.

또한 저의 축시도 출판에 함께해 주심에 진심으로 감사드립니다.

다시 한번 김보미 작가님의 《자살 예방학이 시로 태어나다》 출판을 진심으로 축하드립니다.

## 정택수
### 한국 자살 예방 상담 센터장(우석 대학교 겸임 교수)

[생명 살리기 자살예방 작품전시회]

# 축 사

한국자살예방센터 센터장 정택수
(우석대학교 겸임교수)

김보미 작가와 함께 하는 '자살예방 생명살리기' 작품 전시회를 진심으로 축하드립니다. 우리나라는 불명예스럽게도 OECD 국가 중 자살률 1위이며, 하루 37명, 1년에 13,352명이 스스로 목숨을 끊고 있습니다.

이러한 대한민국의 자살 심각성을 인식하여 생명을 살리는 작품 전시회가 희망의 불씨가 되어 힘겨운 사람들에게 희망의 날개가 되었으면 합니다.

이 세상에 가장 소중한 생명입니다. 그 무엇과도 바꿀 수 없는 단 하나의 소중한 생명입니다. 탈무드에는 "한 생명의 목숨을 구하는 것은 온 세상을 구하는 것과 같다"라고 하였습니다. 생명의 전화 창시자 앨런 워커 목사는 "이 세상 천하에 사람 생명만큼 소중한 것은 없다"라고 하였습니다.

우리 모든 국민이 생명존중 자살 예방에 더욱 관심을 두고 생명 지킴이(Gate keeper)가 되어야 합니다. 김보미 작가의 생명존중 전문교육을 받고 자격증을 취득하여, 더욱 생명 살리기에 사명감으로, 이번 자살 예방 작품 전시회를 하게 되어 존경스러운 마음입니다.

이번 작품 전시회가 우리 국민 많은 분께 생명의 소중함과 힘겨움을 이겨낼 수 있는 디딤돌 역할이 되어 주길 바랍니다. 올해에 이어서 매년 더욱 많은 작품이 전시되어 대한민국에 희망을 주는 행사로 거듭되길 소망합니다. 다시 한번 생명 살리기 자살 예방 작품 전시회 진심으로 축하드립니다.

외로운 별이 지구에 내려와
멋지게 살아 내고 있어
아무도 너를 판단할 수 없어

그저 살아있는 거로
너는 충분히 잘 이겨낸 거니까

울봄 김보미

《자살 예방학이 시로 태어나다》 김보미 작가의 귀한 책 출간을 진심으로 축하드립니다. 김보미 작가와의 소중한 만남은 '생명 존중 자살 예방 전문 강사'로 인연이 되었습니다. 20년 넘게 취약 계층 약자들에 대한 따뜻한 봉사 활동을 해 오고 있는데, '생명'이란 귀한 사명감으로 생명 작품 전시회를 성공적으로 마쳤습니다. 또한, 한국 자살 예방 상담 센터 구리 남양주 지부장으로 생명 존중 자살 예방 강사로 활동을 해 오고 있습니다.

김보미 시인의 이번 책은 자살 예방 관련 시를 통해 삶을 포기하려는 사람들에게 누구나 소중한 존재를 인식시켜 주고 위로와 희망을 주고 있습니다. 생명 존중 자살 예방 전문가로 간결한 시로 읽는 이들에게 울림을 주고 다시 힘을 내게 하는 불쏘시개가 될 것입니다.

"하나뿐인 소중한 생명, 하나뿐인 소중한 나"

이 세상에 태어난 소중한 생명으로 전 세계 80억 4,531만여 명 중에 나와 똑같은 사람은 단 한 명도 없습니다. 소중한 보물입니다. 그런데도 대한민국은 안타깝게도 하루 37명, 1년에 13,352명이 극단적 선택을 하고 있습니다. 우리 모두 생명 지킴이(Gate keeper)로서 더욱 관심과 사랑이 필요합니다.

이런 현실에 김보미 작가의 《자살 예방학이 시로 태어나다》 신간은 대한민국 모든 국민이 필독서로 읽어 보고 생명의 소중함, 나 자신의 소중함을 인식하는 계기가 되었으면 합니다. 다시 한번 신간 출간을 진심으로 축하드립니다.

[생명 살리기 자살예방 작품전시회]

## 축 사

더불어민주당 충남도당 청년위원장 김영수

안녕하십니까 더불어민주당 충남도당 청년위원장 김영수입니다. 올봄 김보미 작가님의 '생명살리기 자살예방 작품전시회'를 진심으로 축하드립니다. 또한 의미 있는 전시회에 함께 참여해주신 관계자분들께도 감사의 인사를 드립니다.

3초의 시간이 있습니다. 이 시간은 자살을 생각해서 행동으로 옮겨지는 그 순간의 시간이라고 합니다. 누군가 당신에게 "지금 행복하십니까?" 라고 물어본다면 사람들은 보통 왜 물어봐? 돈지 궁해? 또는 아니다 라고 말하는 사람들이 대부분입니다. 지금 대한민국은 극심한 사회양극화입니다. 2021년7월 유엔무역개발회의에서 한국은 선진국으로 인정하였지만 국민들의 대다수는 불명동 선진국이라고 합니다.

통계청에 따르면 OECD국가 간 연령표준화 자살률(10만명당 자살사망자수)를 보면 대한민국은 24.6명으로 OECD평균 2배를 넘는 것으로, 하루평균 36.1명이 자살로써 생을 마감하고 있는 실정입니다. 2020년 전체 사망자수는 역대 최대치로 그중에서 1위가 암이고 5위가 자살이었습니다. 그중에서도 30대의 자살률이 가장 높았습니다

자살의 생각이 주된 이유로 경제적문제가 가장 많았고, 가정생활의문제, 성적, 진로의 문제가 대부분이었습니다. 대한민국은 세계10위의 경제대국이며 GDP 10위의 선진국입니다. 그렇지만 자살률 1위의 불명예도 대한민국입니다.

대한민국을 세계반열에 올린 것은 누구일까요? 다름 아닌 각자의 위치에서 열심히 일하는 우리의 부모님과 이웃 그리고 국민 모두일 것입니다. 이제 국가가 나서서 국민을 살펴야 합니다. 이런 면에서 이번 작품 전시회는 상당한 의미가 있다고 생각합니다.

다시 한번 "생명살리기 자살예방 작품전시회"를 준비해주신 올봄 김보미 작가님께 감사의 인사를 드리며, 축하의 말씀드립니다. 감사합니다.

[자살예방 생명 살리기 작품전시회]

# 축 사

안녕하십니까. 더불어민주당 대전대덕구 지역위원회 직능위원장 한종명입니다.

먼저 '자살예방 생명 살리기 작품전시회' 개최를 진심으로 축하드립니다.

또한 김보미작가님과 따뜻한 뜻을 함께 해주신 명재송 대표님, 그리고 발달장애인과 함께하는 늘품 이순이 대표님, 함께 참여하신 작가님들께 축하드립니다. 그리고 전시회 준비 하시느라 정말 수고 많으셨습니다.

안타깝게도 청년들의 자살문제가 나날이 증가하고 있습니다.

2020년도에는 20대청년 사망자 2명중 1명은 스스로 목숨을 끊었다고 통계청 발표가 있었습니다. 청년이자 그리고 청년의 자녀들을 아버지인 저의 입장에서 생각해보면 참으로 안타까울수 없습니다. 그분들이 극단적인 선택을 하기전 충분한 관심, 그리고 대화와 위로가 헌신성있게 도움받을수 있으면 상황은 지금보다 좋아 변하지 않을까 생각합니다. 다시한번 작품전시회를 진심으로 축하드립니다.

감사합니다.

전)더불어민주당 전국청년당 홍보소통위원장
전)더불어민주당 대전시당 청년위원회부위원장
현)더불어민주당 대덕구지역위원회 직능위원장

**한종명**

[생명 살리기 자살예방 작품전시회]

# 축 사

성공사관학교 총장 서일정

**대한민국 명강사21호 고려대 명강사최고위과정 운영대표강사**
**성공사관학교 총장**
# 서 일 정

율봄 김보미 작가는
고려대학교 고려대명강사최고위과정 11기
사무총장으로 봉사하시면서 명강사경진대회에서
최우수상을 수상한 명강사로 감동주는 강의로
대한민국의 자살예방을 위해 명강의로 봉사하고
있으시며 성공사관학교 봉사리더십지도교수,
자살예방교수로 활동 중이며 소중한 생명은 단 하나!
반드시 지키고 끝까지 행복한 인생으로 살아가도록
지혜를 주어 생명 지킴이로  희망의 등불이
대한민국을 넘체보다 더 밝은 사회! 자살이 없는
소중한 생명 지킴이로 큰 역할을 기대하면서
다시한번 율봄 김보미 작가님의 작품전시회를
축하드립니다.

**이현택**
더불어민주당 정책위원회 부의장
더불어민주당 전남도당 청년위원장

[생명 살리기 자살예방 작품전시회]

# 축 사

더불어민주당 전남도당 청년위원장 이현택

'생명살리기 자살예방 작품전시회'를 축하드립니다.
또한 의미있는 전시회를 위해 늘 헌신과 봉사의 정신으로 사회를 따뜻하게 하는 울봄 김보미 작가님과, 함께 전시를 준비해주신 작가님들께 감사의 말씀을 드립니다.

대한민국 청년들의 자살이 증가하고 있습니다.
2020년 20대 청년 사망자 2명 중 1명은 스스로 목숨을 끊었습니다.

사망자 2천706명 가운데 54.3%인 1천3936명이 고의적 자해(자살)로 세상을 떠났습니다. 모든 연령층 가운데 가장 높은 수치입니다.

자살률은 사회의 특성을 반영합니다. 청년 자살률이 계속 증가한다는 사실은 사회가 그만큼 위기에 처해있다는 반증입니다. 실업, 저임금, 주택문제, 계급 불평등, 성차별 어느 하나 정상인 것이 없습니다. '다포세대' 연애, 결혼, 출산, 본인의 삶까지 모든 것을 포기한 청년들이 희망을 잃고 무기력 빠져있습니다.

그런 의미에서 이번 전시회는 꺼져가는 희망의 불씨를 다시 살리는, 생명의 소중함을 일깨워주는 의미 있는 행사가 아닐 수 없습니다.

다시한번 울봄 김보미 시인의 '생명살리기 자살예방 작품전시회'를 축하하며, 대한민국을 살아가는 모든 청년들이 희망을 가지고 꿋꿋하게 살아가기 바랍니다.

세상에 혹독한 겨울이 내렸다.
마른 가지가 앙상하고, 살을 에는 칼바람이 매섭기만 하다.
가진 자와 못 가진 자의 격차가 날로 심해지고,
노인과 청년의 자살이 증가하고 있다.
불이 꺼지지 않은 서울 밤거리에 반해,
우울증으로 잠을 못 이루는 사람들이 몸서리치고 있다.

김보미 작가의 이번 저서인《자살 예방학이 시로 태어나다》는《지금 사랑하고 다시 사랑하라》3번째 시리즈이다. 우울하고 외로운 시대에 위로가 되는 시와 글귀가 훌륭하다.
김 작가의 부드럽고 따뜻한 마음이 시에 녹아 힘든 이 시대를 살아가는 사람들에게 희망과 용기를 주기 때문이다.

김보미 작가의 호는 '울봄'이다.
이 시대의 겨울을 견디면, 곧 다가올 봄에 서서 팔 벌리는 듯하다.
"힘들고 지친 자여 다 내게 오라."
특별히 1독을 권한다.

## 노성철
더불어민주당 서울시당 청년 위원장, 동작구 의원

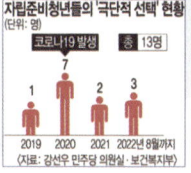

자살을 시도하거나 생각하는 사람은 '내가 무엇을 해도 삶이 결코 나아지지 않을 것이라는 절망감과 무력감에 사로잡혀 있는 경우가 대부분'이며, 자살이 '선택지'가 아닌 현실의 고통을 멈출 수 있는 유일한 '탈출구'처럼 느껴지기에 '자살'이라는 '선택'을 합니다.

그 '비극적 선택'을 막고자 자살 예방을 시로 태어나게 한 울봄 김보미 작가님의 의미 있는 행보를 응원하며 《자살 예방학이 시로 태어나다》를 추천합니다.

청년들의 자살률이 높아지고 있는 현실에서 자살은 사회적 문제이고 미리 알 수 있는 자살 위험 사인들을 인지해야 소중한 생명을 한 명이라도 구할 수 있다는 김보미 작가의 평소 말씀대로 우리 사회가 생명을 존중하는 방향으로 나아가길 바라며 이번 《지금 사랑하고 다시 사랑하라》 3번째 시리즈인 《자살 예방학이 시로 태어나다》에 수록된 자살 예방학 개념들을 일반 독자들도 숙지하길 바라본다.

한 사람의 생명도 귀중히 여기는 생명 살리기 캠페인에도 늘 함께하겠습니다.

**양승수**
(사)1004클럽나눔공동체 총재
(사)1004클럽나눔공동체 총재
(주)에피오네 대표 이사
(사)한국지역경제살리기중앙회 자문 위원

어느 날 총재님 제가 쓴 시집이에요, 하며
책 한 권을 건네준 대한민국 축복 봉사단 김보미 단장님.

언제나 그렇듯이 봉사 현장에 가면 반갑게 만날 수 있는 사람입니다.
오늘도 어려운 이웃들에게 음식을 전달하는 봉사 현장에서 웃으며 전해 준 시집 한 권이 삶을 통해 얻어진 소중한 체험들이 글로 만들어졌다는 느낌을 받았습니다.

나 역시 수십여 년 오랜 세월을 기부와 나눔, 그리고 봉사 활동을 실천해 오면서 현장에서 보고, 듣고, 느낀 절절한 사연들을 글로 표현하면 어떨까 하는 생각을 해 본 적이 있지만 한 권의 책으로 만들어 낸다는 것이 얼마나 어려운 과정인지를 조금은 알 것 같습니다.

또한, 나와 내 가족이 아닌 생면부지의 이웃들을 위해 자신의 소중한 시간과 재산을 아낌없이 내어준다는 것은 결코 쉬운 일이 아니란 것도 잘 알고 있습니다.

그런 어려운 길에 대한민국 축복 봉사단 김보미 단장은 용기 있게 솔선수범 실천함으로써 많은 사람들의 귀감이 되고 있습니다.

그렇게 밤낮없이 바쁘게 살아온 그녀가 벌써 3번째 시집을 출간한다고 하니 마치 내가 쓴 시만큼이나 반갑고 축하할 일입니다.

진심으로 축하드리고 앞으로도 변함없는 모습으로 큰 발전을 만들어 가기를 기원합니다.

평소의 삶 속에서 소외되고 어려운 이웃들과 특히, 어려운 여학생들에게 전달하고 있는 '생리대 무료 나눔' 프로젝트는 생명 존중이라는 또 다른 깊은 의미를 담고 있음을 깨닫습니다.

이번에 출간하는 3번째 시집은 불명예스럽게도 세계에서 1등을 하고 있는 자살이라는 영역에 더 깊은 관심으로 접근한 작품으로 현재 맡고 있는 본인의 역할에 충실한 자살 예방에 대한 관심과 용어들을 보다 쉽게 접근할 수 있도록 풀어낸 작품이라고 하니 더 많은 사람들에게 알리고 읽히면 세상에 희망의 등불이 될 것이라고 생각합니다.

축하드립니다.

2023년 1월 21일

**이은주**
경기도 의회 교육 행정 위원회 위원
민주 평화 통일 자문회의 자문 위원

김보미 시인의 3번째 작품인 《자살 예방학이 시로 태어나다》는 대한민국에서 자살은 더 이상 '그들'의 이야기가 아닌, 자살에 대한 충동을 어둠속에 숨겨 감추는 것이 아니라 그 속으로 들어가 아픔과 상처를 치유하는 시로 태어나 자살률 1위를 기록하고 있는 우리 사회에 가장 필요한 것을 일깨우는 예방서와도 같다.

시는 개인이 감정을 표현하고 말과 글로 위안을 찾는 데 도움을 줄 수 있기 때문에 자살 예방을 위한 강력한 도구가 될 수 있다.

시와 같은 예술 형식을 사용하여 감정과 생각을 표현하는 과정에서 억압된 감정을 해방시켜 주고 다른 사람들의 감정을 이해하고 공유하는 능력과 어려운 상황에서 회복하고 역경을 극복하는 용기 있는 작품을 꼭 만나 보시기 바랍니다.

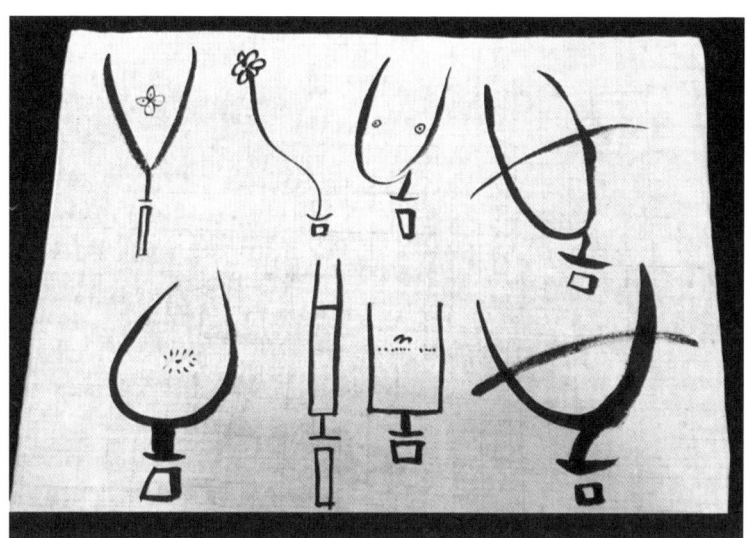

정동욱 홍익대 미술학 박사의 봄 글씨 선물

## 축복 봉사단 식구들에게 드리는 시

축복이라는 이름으로 서로 기대어 간다

실뭉치가 고운 색으로 물들어 간다

아무 대가 없는 봉사는 검은색으로

다시 고운 색으로 물들어 간다

눈가에 고인 그리움과 외로움을

우리라는 이름으로 서로 축복하며 산다

축복이라는 이름으로 기대어 산다

그리하여 함께 생명으로 살아간다

## 사랑하는 딸 서희가 엄마를 위해 써 준 축시에 한동안 먹먹함을 느끼며

[윤보영시인 어린이 시 공모전 장려상 수상작]

### 무지개 친구

구리초등학교 6학년
황서희

친구야 아아오오 우리는 무지개 친구
친구야 아아오오 우리는 도토리 친구
엄마야 아아오오 우리는 더하기 친구
아빠야 아아오오 우리는 나누기 친구
까망이도 순둥이도 얼룩이도 누렁이도
아아오오 우리는 다함께 친구
무지개 미끄럼에 도토리를 또로로로
무지개 머리띠에 이쁜해를 또로로로
아아오오 우리는 다함께 무지개 친구

### 엄 마

구리초등학교 6학년
황서희

엄마라는 사람은
나에게 살과 뼈
장기를 주고
사랑한다는 마음을
주는 사람이다
내가 힘들때
옆에 있어주는 사람
내가 기댈수있는 사람
그게 바로
진정한 엄마다

더불어민주당 동물 보호 특별위원회 명재승 위원장과 함께 봉사 활동을 하며 보낸 축시

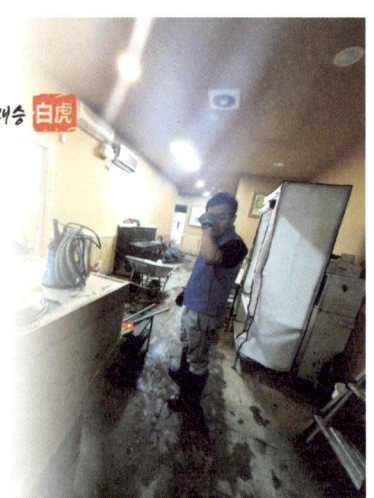

다시 준비하는 마음으로

백호 명재승 白虎

목위에 자갈이 올라오고
심장안에서 모래소리가 들릴때
흙속에서 차가운 바람이 깨워줄때
다시 준비하는마음으로 살아간다
다시 다시 걸음을 걸어야 살아간다
길고 좁은 벽속에 나를 감추고있고

혼자라는 무거움이 눈을 감게할때
머리카락이 진흙으로 느껴질때
다시 준비하는마음으로 살아간다
다시 다시 걸음을 걸어야 살아간다

# 땅에서 만난 별들 ☆

백호 명재승 白虎

희색털에 작은 별뭉치
너의 눈에 별이 많아서
차마 홀로 되돌지 못해 안아본다
너를 닮은 단팔색 별들이
한겨울 호빵처럼 폭신했다

아가야 나비야 별이야
그렇게 너는 나에 별이되어
땅에서 만난 나에 별이되었다
생명은 작은 고양이에 눈에도
기적은 연결하여 창문 별속에도
다시 살아가려 오늘도 반짝인다.

더불어민주당 경기도당 동물보호특별위원회 공동위원장
명재승

# 자살 예방 생명 살리기 작품 전시회

자살 예방 생명 살리기 작품 전시회를 함께해 주신 게이트 키퍼 리더님들께 깊이 감사드리며

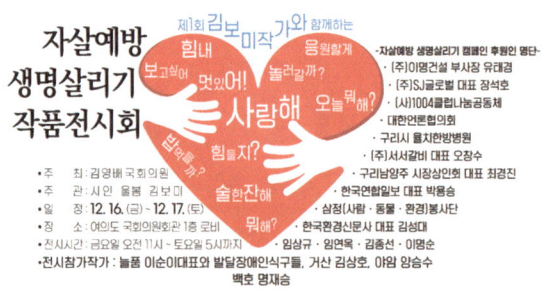

김보미 작가와 친모 이명순 여사
- 제1회 생명 살리기 국회 전시회에서, 2022.12. 감사함을 담아

한국 자살 예방 센터 정택수 교수 전시회 방문

한종명(대전) 위원장과 명재승(경기도) 동물 보호 특별 위원회 위원장과 발달 장애인과 함께하는 늘 픔 식구님들과 이명순 여사와 신경희님이 자살 예방 캠페인과 생명 존중 작품전을 기념하며 김보미 작가와 함께.

2022.12

1004 클럽 나눔 공동체 양승수 총재와 대한민국 삼정 봉사단 명재승 대표와 나상인 한종명 위원장을 비롯하여 발달 장애인과 함께하는 늘품 이순이 대표와 식구들과 함께 자살 예방의 중요성을 알리는 데 동참하고 있다.

2022.12 국회 1층 전시회에서

제2회 김보미 작가의 자살 예방 생명 살리기 작품 전시회 방문자분들이 자살 시도자분들에게 응원 메시지를 벽면 가득 보내 주셨다.

2023.2 구리시 구리 타워 하늘 갤러리에서

# KBM(김보미) 자살 예방 위기 개입 8단계

### 1. D(direct question) 질문
자살(Suicide)을 생각하고 있는지 직접적으로 질문하라!

### 2. L(listening closely) 경청!
상담자에 자살하려는 이유와 자살과 관계없는 그 어떤 말들에 개입 없이 우선 들어주는 경청의 시간을 반드시 가져야 한다.

### 3. S(safety) 안전을 확보할 것!
난간이나 옥상 다리 위일 경우 내려오게 하고 흉기와 약물 등의 제거 등 안전을 확보한다.

### 4. T(Trust) 신뢰를 형성하라!
비난도 호감도 상대방의 말에 귀를 기울여 라포를 형성하여 신뢰를 형성해야 한다.

### 5. H(helper) 조력자를 찾아야 한다.
자살 시도함을 확실히 알리고 친구 부모 사회 복지사 지인 등 조력자를 반드시 찾아서 연결해 두어야 한다.

### 6. S(Support) 지원!

문제가 있는 원인이 경제적 문제인지, 애정 관계 사람 관계 학업 등에 대한 문제인지를 확실히 하고, 문제에 대한 상담과 해결책에 관한 사회적 지원을 연계함을 생각한다.

### 7. P(Promise) 약속!

상담자와 내담자 둘 간의 살아 보겠다는 약속을 서약서를 쓰고 읽고 시도자에게 잘 보이는 화장실이나 거울 등에 붙여 놓고 상기할 수 있도록 예쁜 생명의 카드를 쓰고 다른 사람이 보이지 않도록 닫아도 될 수 있도록 준비해 준다.

### 8. W(welfare system) 복지 제도!

자살 예방 전문가의 양성과 사회 복지사 등의 연계 등으로 매일 케어가 가능한 식음료 배달 혹은 SNS 친구 웹 혹은 반려 동물, 식물, 물고기, 음악 문화, 여가 등의 지원 등 많은 바우처와 적절하게 복지 제도가 이루어져야 한다.

## KBM(김보미) 자살예방 위기개입 8단계

1. **D** (direct question) 질문!
자살(Suicide)을 생각하고있는지 직접적으로 질문하라!

2. **L** (listening closely) 경청!
상담자에게 자살하려는 이유과 자살하려하께있는 그때에 말들에 개입 없이 수선 들어주는 경청의 시간을 반드시 가져야해

3. **S** (safety) 안전 확보!
난간이나 옥상 다녀왔을 경우 내려오게 하고 흉기나 약물들의 제거 등 안전을 확보한다.

4. **T** (trust) 신뢰 형성!
비언도 희망도 상대방의 말에 귀를 기울여 마음을 헤아리어 신뢰를 형성해야 한다.

5. **H** (helper) 조력자!
자살시도율을 확실히 알리고 친구 복지 사회복지사 지인등 조력자를 반드시 찾아서 연결해두어야 한다.

6. **S** (support) 지원!
놓여있는 원인이 경제적문제인지 여러관계적 사람관계 친입들에 원인에 대한 상담과 해결책에 맞는 사회적 지원을 연계해줌을 생각한다.

7. **P** (promise) 약속!
상담자 내담자 둘간의 살아보겠다는 약속을 서약서를 쓰고 일주 시도자에게 잘보이는 화장실이나 거울등에 붙여둔 시기울수있도록 이쁜 생명의 카드를 쓰고 다른사람이 보이지 않도록 필수있도록 고아해줍니다.

8. **W** (welfare system) 복지제도!
자살예방 전문가의 안전과 사회복지사들과 연계등으로 매일 케어가 가능한 신뢰도 있도록 SNS친구쳅 혹은 반으처럼 신뢰 을보기 음악 통한 여가들의 지원들이 많은 나누어져 언결하게 복지제도도 이루어져야한다.

한국자살예방센터 구리남양주 지부
지부장 김보미

## 자살 생존자에게 보내는 시

– 울봄 김보미

태양을 잃은 그림자에게

함께한 시계가 12시를 가리킨다
함께한 사진이 3시를 가리킨다
함께한 태양이 6시를 가리킨다
이제는 풀어 주고 색칠해 주리라!
이제는 모든 시간에서 함께한 태양을 보내리라
이제는 그 시간들을 다시 흐르게 하리라
이제는 그림자에게 태양을 선물해 주리라

함께한 태양이 다시 그림자와 만날 때까지

## 자살 생존자란 무엇인가?

흔히 자살 생존자(Suicide Survivors)를 자살 시도에서 자살을 달성하지 못하고 살아남은 사람, 즉 자살 시도자(Suicide Attempters)로 오해하지만, 자살 생존자란 가족, 친구, 동료, 유명인 등 사회적 관계 내에서 발생한 자살을 경험하고 그러한 심리적 외상을 견디며 생존해 가는 사람을 뜻한다. 자살 유가족을 포함해 가족 외의 친밀한 사람까지 확장된 더 큰 개념이라고 할 수 있다.

이 시에서 '태양'은 자살 생존자가 사랑하고 친밀한 사람을 말한다. 그 태양에 열기와 빛에 함께 살던 그림자는 자살 생존자를 뜻한다. 자살 생존자들의 기억에는 트라우마성 시간 멈춤이 있다.

자살을 목격하거나 가족이나 연인을 잃어 본 남겨진 사람들에게는 그때의 충격과 상처의 시간이 멈추어 움직이지 않는다. 용수철이 계속 원점으로 돌아가려는 것처럼, 비연속적이고 산발적으로 불규칙하게 돌아가는 것이다.

## 심연 회복(深淵 回復)

— 울봄 김보미

깊이를 가늠치 못하는 사랑이여
색상을 고르지 못하는 사람이여
누르고 누르고 다시 누르는 사랑이여
오르고 오르고 다시 오르는 사람이여
사람은 사랑으로 회복하여 환생한다
사랑은 사람으로 회복하여 환생한다
사람과 사랑은 심연에서 회복한다
그렇게 돌고 돌아 다시 너에게 간다

## 회복 탄력성이란 무엇인가?

시에서 '심연'은 심리학적 맨 아래의 깊은 바다의 바닥과 같다. 이를 이겨 낼 수 있는 힘은 사람과 사랑뿐이다. 회복하려는 의지와 그 작용을 돕는 회복 탄력성 조력가들을 뜻한다.

회복 탄력성은 영어 'resilience'의 번역어다. 심리학, 정신의학, 간호학, 교육학, 유아교육, 사회학, 커뮤니케이션학, 경제학 등 다양한 분야에서 연구되는 개념이며, 극복력, 탄성, 탄력성, 회복력 등으로 번역되기도 한다. 회복 탄력성은 크고 작은 다양한 역경과 시련과 실패에 대한 인식을 도약의 발판으로 삼아 더 높이 뛰어오르는 마음의 근력을 의미한다. 용수철 고무줄마다 탄성이 다르듯이 사람에 따라 탄성이 다르다. 역경으로 인해 밑바닥까지 떨어졌다가도 강한 회복 탄력성으로 되튀어 오르는 사람들은 대부분의 경우 원래 있었던 위치보다 더 높은 곳까지 올라갈 수 있다. 이 점이 회복 탄력성의 위대한 점이다. 더 강해지고 쉽게 아픔에서 벗어나게 해 주는 것이 '회복'이라는 힘이다. 어떤 불행한 사건이나 역경에 대해 어떠한 의미를 어떻게 부여하고 인식하느냐에 따라 불행하거나 행복해지는 기로에 서게 된다고 생각해 볼 수도 있으며 세상일을 긍정적 방식으로 받아들이는 습관을 구축함으로써, 부정적으로 상황을 인식함으로써 과소비되는 감정적 에너지를 문제 해결을 위한 집중에 보다 유용하게 사용할 수 있다는 점에서 회복 탄력성은 놀랍게

향상된다. 회복 탄력성이란 인생이 바닥에서 심연을 치고 올라올 수 있는 힘, 밑바닥까지 떨어져도 꿋꿋하게 되튀어 오르는 심리학적 능력 혹은 마음의 근육이라 말하고 싶다.

쓰고 지우고
다시 지워도
너를 못 지우고 있다

- 울봄 김보미

## 트라우마 1

― 울봄 김보미

사각형 계단들이 가득 쌓여 있는 곳
그대여 나에게 나침반을 주오
삼각형 화살표들이 가득 놓여 있는 곳
신이여 나에게 파란 구두를 주오
동그란 시계들이 멈추어 있는 나의 방
그대여 열쇠를 주어 열게 해 주오


## 트라우마 2

― 울봄 김보미

아는 만큼 아픈 각인
비극의 짐승이 심장으로 들어온다
삶을 뒤흔드는 상처
나의 세상이 죽음으로 들어온다
그러니 부축하고 안아 주는 시간이 소중하다

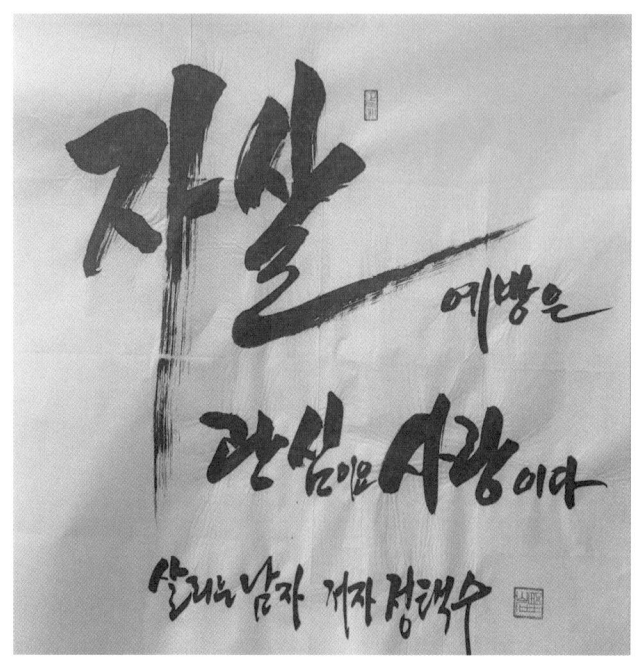

트라우마를 극복하려 해도 심리학적 상처의 계단들이 쌓여 있다. 나침반으로 지금의 위치를 검토해야 한다. 현실의 인지만이 다시 살아갈 수 있게 한다. 화살표로 수많은 치료법과 조언에도 상처 입은 심적 흔적은 쉽게 움직이지 못한다.

TSD(Post Traumatic Stress Disorder)의 줄임말. 각종 창작물에서의 트라우마는 이것을 의미하는 경우가 많다.

외상이 과거의 일임에도 불구하고 당시의 충격적인 기억이 떠오르고 경험했던 활동이나 장소를 피하게 되고 심한 경우 통제력을 잃는다.

트라우마에는 1차와 2차 트라우마가 존재한다.

1차 트라우마는 죽음의 고통을 느끼게 하는 극심한 상처와 사건이고 2차 트라우마는 그 트라우마의 고통 속에서 나를 온전히 지지하고 도와줄 거라는 가장 믿고 의지하는 사람들에게 느끼는 상실감과 배신감이다.

2차 트라우마에 사람은 더욱 아파하고 힘들어하며 고통스러워한다.

따라서 반드시 파란 구두가 필요하다.

하늘을 닮은 희망의 신발을 신고 무엇이든 동기 부여할 매개체를 찾아서 신어야 한다. 그리고 파란 구두를 함께 신어 줄 동반자가 필요하다.

트라우마 경험자들의 공통된 특징은 그 상처와 충격의 포인트에 시간이 멈추어 있다. 다시 극복하다가도 '트리거', 즉 촉발시켜 다시 그 트라우마의 시점으로 돌아갈 수 있다.

따라서 좁은 방에서 나올 수 있는 열쇠가 사회적 심리 치료 조력자로부터 전달받을 수 있는 지속적이고 세심한 1:1 심리 케어가 필요하다.

# 심연환생

율봄 김보미

손가락 하나도 움직일수가 없을때
후시퍼의날개의 유혹이 아름다울때
처절하게 살아온 내가 너무 쓸쓸할때

무엇이든 바라보며 웃어야산다!

외로움이 모세혈관으로 머물때
거울안에 나의모습에 모순이 머물때
손톱끝에 온기 하나없이 떨릴때

무엇이든 안아보고 웃어야산다!

나는 처절하게 살고 싶다!
나는 절실하게 사랑하고싶다!
나는 따스하게 받아주고 싶다!

너도그러니 나도그런것임을

나는 다시 심연속에서
오늘도 다시 태어난다!

## 심연: 深淵 깊은 절망의 늪

우울증이 오면 모조감이 온다.

무조감은 무망(無望), 희망이 없는 상태이다.

희망이 없는 무기력한 심신 상태가 극히 심화되면 자살로 이어진다. 손가락 하나도 무동 상태인 냉동 상태가 되는 것이다.

심연 즉 마음에 싱크홀이 생겨 버린다. 해마다 200여 명 고독사가 청년이다. 복용하던 우울증 약들과 술병 등이 함께 발견되는 고독사 현장에서 20대는 55.6%, 30대는 40.2%로 전체 평균(2022년 기준 보건복지부) 17.4%에 비해 심각히 높다. 깨어 있는 청년들의 조직인 청년너울 경기도 본부장으로서 청년의 고독사 방지를 위한 국회 앞 1인 시위에 참여한 이유이기도 하다.

다시 살아나야 한다. 깊은 바다의 끝에서 다시 절실하게 숨을 쉬며 환생하기를 바라며 이 시를 이 시대에 우울증과 무조감과 싸우며 쓸쓸하게 살아내 주고 있는 청년들에게 보내 본다.

창밖을 말없이

그저 바라보는 건

네가 들을 수 없기 때문이다

나의 그리움을


- 울봄 김보미

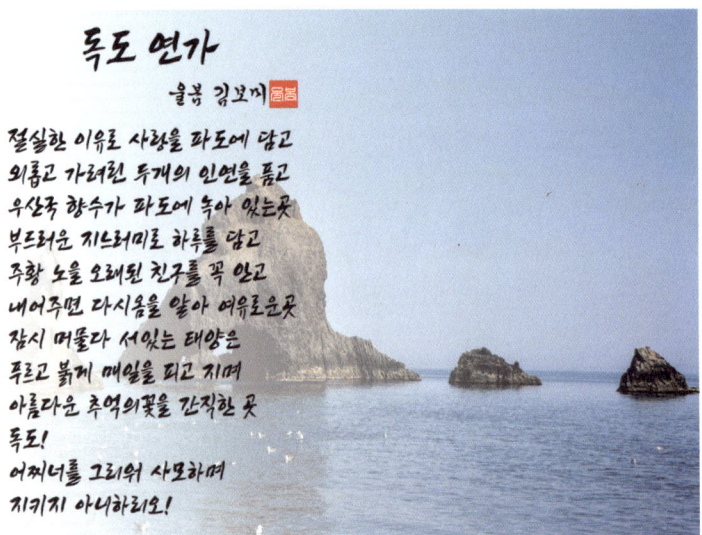

## 독도 연가
### 올봄 김보제

절실한 이유로 사랑을 파도에 담고
외롭고 가려린 두개의 인연을 품고
우산국 향수가 파도에 녹아 있는곳
부드러운 지느러미로 하루를 담고
주황 노을 오래된 친구를 꼭 안고
내어주면 다시옴을 알아 여유로운곳
잠시 머물다 서있는 태양은
푸르고 붉게 매일을 피고 지며
아름다운 추억의 꽃을 간직한 곳
독도!
어찌너를 그리워 사모하며
지키지 아니하리오!

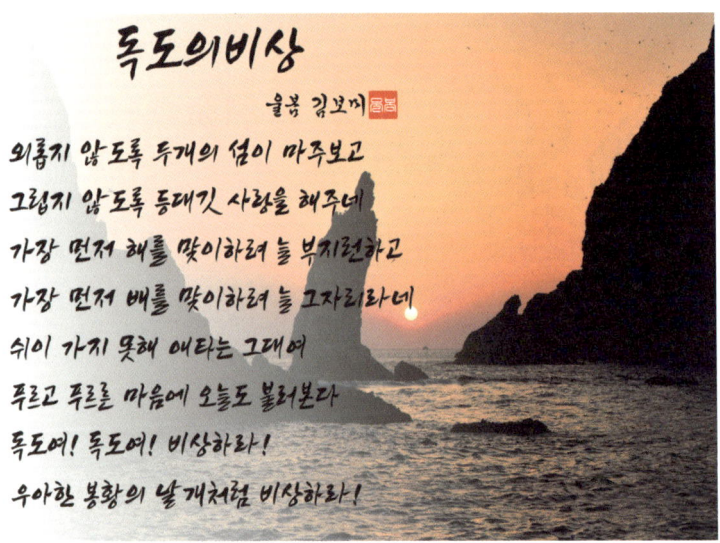

## 독도의 비상

울봄 김보배

외롭지 않도록 두개의 섬이 마주보고
그립지 않도록 등대깃 사랑을 해주네
가장 먼저 해를 맞이하려 늘 부지런하고
가장 먼저 배를 맞이하려 늘 그자리라네
쉬이 가지 못해 애타는 그대여
푸르고 푸르른 마음에 오늘도 불러본다
독도여! 독도여! 비상하라!
우아한 봉황의 날개처럼 비상하라!

독도는 외로움의 상징이기도 한 섬이다.

그를 위해 온 대한민국이 지켜 내려는 노력을 하는 가장 외롭지 않은 섬이 역설적으로 독도이다.

비상해야 한다.

청년들은 비전을 품고 노년들은 지혜를 담아 높이 오르려는 노력을 해야 한다.

자살은 외로움에서 시작되며 그 외로움은 인간의 본연에 누구나 있다.

서로 마주 보고 사랑해 보려는 인류애가 이제는 필요하다.

종교 인종 정치 문화 등에서 마주 보고 통합하는 인류애와 애민 정신만이 늘어나고 있는 자살률을 감소시킬 수 있다.

다시 이런 아픔을 느끼지 않으려면
누구도 사랑하지 않으면 된다는
어리석은 다짐을 해야 한다

- 울봄 김보미

# 민주주의

### 율봄 김보끼

어슷 눈바람이
내 볼에 살다
사라진다.

얼엇던 눈망울들이
아이들이 내민
고사리 핫팩에 녹는다.

모두 이때 만큼은
활짝 미소를 짓는다.
얼죽주발의 전쟁터에도
꽃은 피고 아기는 웃는다.

다같이 웃으려고
살아가야 한다.
그것이 시위의
목적이어야 한다.

아이들의 눈망울 가득
미소를 주는
눈이 오늘도
내렸다 녹았다.

링컨은 저명한 게티즈버그 연설에서 민주주의는
'국민의 정치(of the people)
국민에 의한 정치(by the people)
국민을 위한 정치(for the people)'
라고 주장하였다.

국민은 직간접적으로 정치에 개입하고 국민을 위한 정치는 국가 정치 활동의 목적이 국민을 위하여 즉 국민의 복리 증진을 위해 이루어져야 한다는 원칙을 말한다.

따라서 국민은 주장하고 시위해야 하는 외침을 아고라에서 지속적으로 실천해야 한다.

힘들고 어렵고 아프고 슬프니 자살하지 말고 외치고 요구하고 시위하고 촉구해야 한다.

민주주의 시는 대한민국 축복 봉사단 연탄 봉사를 갔던 겨울, 한 독거노인 어르신이 내 손을 꼭 잡으시며
"김보미 단장님, 연탄값이 계속 오르고 있어서 추위까지 참으며 살아갈 이유가 없어요. 죽고 싶어요."
하시던 말씀이 트리거가 되어 작성한 시다.
그 울림은 내가 청와대 1인 시위를 하게 움직였고, 많은 분들의 노고

와 외침으로 연탄값은 동결되었다.

'트리거(trigger)'의 사전적 의미는 '방아쇠가 발사되다', '폭발하다' 등인데, 트라우마 경험을 재경험하도록 만드는 자극을 의미한다.

즉, 과거의 트라우마 경험을 떠올려 재경험하도록 만드는 자극을 트리거라고 한다.

이는 자살 예방학에서 중요한 개념이다.

그동안 내제되어 온 상처나 아픔 분노 문제 등이 트리거가 되어 발사되는 것이다.

지평선 위에
너의 사진이
아른거리는
나의 마음에
노을처럼 찍혀 있다

- 울봄 김보미

## 신록사

글 김보미

세속의 근심 지고 도착한
여주 황포돛대 정자
강가에 무심히 육백년 지켜온
부도탑에 얹어놓고
총총이 연꽃 띄워 박은
기와 탑에 한사람
자아를 인지하며
나를 잡아주는 자리

총총히 묶어
고이스럽게 접은 종이에
작은 사랑 고백
수줍게 적어 묶어놓고
휘어감은 향나무를 한 소녀가
백발이 되도록 받고 있는
정조의 향기로 살포시
누르고 있다
그대 탑이 되어 그곳에 섰고
마음도 탑 그늘에 서 있다

## 인생 살다 보면

올봄 김보미

인생 살다 보면
봉우리를 구름에
걸쳐 넘어가고
강변의 토사도
부드럽게 밟고 가고

폭우 다음 내리는
폭염에도 감사해야 한다

그날그날 버리고 내리고
항상 감사해야 한다

인생 살다 보면
너와 내가 있음에
그날그날 최선을 다해
그저 감사해야 한다

을낭 서예쥰

# 청 룡

올봄 김보미

푸른 전복껍질이
반사되어 비장하게 굽이 날아오른다
두 다리를
날개에 바치고
곧은 수염은 정직하게 펼쳐라
머리를 급혀서
낮게 날지 마라
구름을 꼬리
아래 두고 살펴보라
다 너가
품을 세상이리라
태양을
만나거든 여의주를 만들어
너의 한 입 가득
물고 날아 보거라
모두 너가
품을 세상이리라

# 김보미 작가의
# 제1회 자살 예방 생명 살리기 작품전

여의도 국회 의원 회관 1F 갤러리

김보미 시인을
응원합니다.
국회의원
강 ○○

2022. 11. 24.

울 봄 김보미 詩人님
늘 봄처럼 따뜻하고
희망적인 사람!
축하합니다
2022. 11. 24.  국회의원 김영미

한 생명을 지키는 것은
하나의 우주를 살리는 것입니다.
2022. 12. 16.
남양주시 부시장
김승철

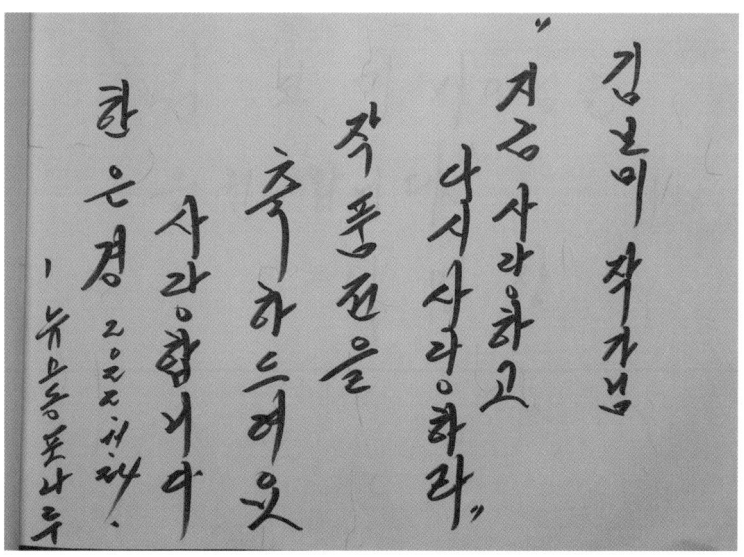

김군이 작가님
"지금 사랑하고
다시 사랑하라."
작품전을
축하하오며
사랑합니다
한은경 2022. 12. 14.
- 뉴욕 롱포나우

나는 너를 사랑하기 위해 많은 걸
포기했어
그래서 너라는 행복을 찾았어

- 울봄 김보미

## 강가에서

— 울봄 김보미

위도 아래도 없이 흐르는 강물 위에
얼어 있던 나의 마음을 올려두고 온다

흐른 강 세월 속에 그 마음 다시 올 때
시작도 끝도 없이 감사함으로 받고 싶다

강줄기 위아래 같은 산수화가 그려지고
강줄기 위아래 같은 얼굴이 떠오른다

근심과 고된 인생의 짐을 무심히 강물에 던지고 가벼이 걸어오거라 나의 인생아

## 마지막 온기

― 울봄 김보미

누군가 다가와 보아 줄 희망
너로 살아옴에 보아 줄 용기

누군가 안아 줄 뜨거운 온기
너로 살아옴에 안아 줄 사랑

누구나 아래에는 희망이 있다
누구나 아래에는 온기가 있다

아래에서 위로 공평한 마음을 준다
위에서 아래로 공평한 손길을 준다

우리는 외롭고 다시 외롭게 산다
우리는 기대고 다시 기대어 산다.

나는 너에게 너는 나에게
마지막 온기로 다시 처음을 맞이하면 된다

## 대한민국 축복 봉사단 단장으로 봉사 활동을 하며

남양주시 수동 노인회 김장 봉사 주관

## 섬광 기억

- 울봄 김보미

거울을 두고 어린 나와 만난다
고운 푸른 원피스를 하늘거리는 소녀

푸른 하늘 속 그 소녀가 나를 본다
바다 안에 진주들이 아름답게 반짝인다

얇고 눈부신 섬광이 거울 안으로 온다
진주들이 조개 안으로 포근하게 잠을 잔다

반짝이는 모든 것들이 기억이길
눈부시는 모든 것들이 추억이길

거울을 마주 보니 이제 내가 보인다

# 섬광 기억[Flashbulb Memory, 閃光記憶]

 섬광 기억이란

 어두운 곳에서 한 달을 지내다 나온 사람이 태양의 빛을 갑자기 바라볼 때의 눈부심처럼, 적응할 수 없는 시간에 갑자기 일어난 빛의 기억이다.

 갑자기 물에 빠져 숨쉬기 힘들었던 기억이나 갑작스러운 교통사고처럼 사건의 기억이 날카롭고 깊게 강하게 떠오르는 기억을 말한다.

 예를 들면 1963년 케네디 암살 사건이나 1995년 6월 29일 서울 서초구에서 있었던 삼풍 백화점 붕괴 사고 당시 현장 목격자들이 그 사건을 시간이 지나도 뚜렷하게 기억하는 것 같다. 그때의 기억이 섬광처럼 자세하고 선명하게 남아 주변에 있는 것들을 밝혀 주면서 기억하게 한다는 용어의 개념이다.

김보미 작가의 장녀 황서희 모델 사진
인생은 오케스트라 연주를 시작하여 화합을 내는 과정이다. 아름답게도 슬프게도 감동스럽게도 연주되는 - 울봄 김보미

인생은 한 편의 발레이다. 노력하며 연습하고 내일을 모르는 공연의 연속이다.

- 울봄 김보미

화려하게 피어나지도 마라

아름답게도 피어나지 마라

그저 피기 위해 피어나고

지기 위해 순응하는

순리의 시간이 소중하고 고귀하다


- 울봄 김보미

## 비월

– 울봄 김보미

두 팔을 벌려 저 높은 구름을 잡고
두 다리로 힘차게 구르며 비월하라
저기 낭만 구름에도 쉬어 가고
여기 청춘 달에도 자고 가고
어느 햇별에도 사랑하라

백 년 모든 비가 차갑지 않고
천 년 모든 비가 눈이 되지 않는다
청춘과 노년 속에 서글프도록
너를 아끼고 아끼고 백년을 비월하라

정신이 아뜩하도록 날아오르라

상승 정지 증후군[meta-pause syndrome, 上昇停止症候群]

상승 정지 증후군은 아직 정착된 학술적 용어는 아니며 리더였던 사람이 청년기 시기 노력한 만큼 성취하며 살아오다가 중년 이후 성취감이 줄어들고 만족스러운 자위 등이 멈추는 좌절 경험으로 위기감과 우울증 등이 오는 것을 지칭한다. 보통 남성의 갱년기 증상과 함께 쓰는 단어이다.

상승 정지하는 것이 당연한 사이클임을 자살을 시도하거나 우울증을 격고 있는 모든 리더들에게 주지시킴으로 자살을 예방할 수 있으며 비월이라는 시는 상승 정지 증후군을 가지고 있는 나에게 주는 응원에 시이기도 하다. 남녀를 떠나 인생에서 오름과 내림을 받아들이고 그 자체의 행위에 만족하는 삶의 자세가 특히나 필요하다. 많은 리더들이 높은 이상과 지위 권력에서 수치심과 상승 정지 증후군과 만나서 극단적인 선택을 한 사례를 많이 볼 수 있다. 모든 고뇌하는 리더들에게 이 시를 보낸다.

견뎌 온 세월이

이겨 낸 시간이

더럽고 치사해서

오늘만 더 살아 본다


- 울봄 김보미

응 원

울북 김보지

너를 그 자리 그곳에서
바라보고 서있을 테니

너는 저 높은 산 등과
산까새를 밟고 비상하라

늘 자유롭게 존재하라
내가 그 자리 그곳에서

기도하고 절하고
기원하는 변함없는
노래를 하고 있을 테니

너는 너로 충분히 멋져

남은 너를 판단할 수 없어

너도 너를 모르니까

그저 살아 있는 거로

너는 충분히 잘 이겨낸 거니까


- 울봄 김보미

## 백제 금동 대향로

올봄 김보미

사비성 천정전 마지막날
너를 지키러
목조 안에 비단을 싸고
진흙을 고이 감아
돌리고 파내어
깊은 수로 안에 모시고
역사의 기와로 덮어
진심을 감추었다

진실은 인고의 세월
빛바램 없이 고고하니
물을 다스리는 용신
네 발톱이 웅장하다
천상의 연꽃으로
악사들은 노래하니
수많은 염원을 간직하며
열두 개 연기로
봉황의 두 가슴에 연기로
하늘을 만난다

한 사람 한 사람의 인생은 하나의 금동대향로와 같다.

나는 우울할 때 자존감이 낮아질 때 외로울 때 백제금동대향로를 본다.

연잎 속 상상의 동물로 수놓으며 살아가는 것이 인생이 아닐까 한다.

봉황이 여의주를 턱 아래 빠지지 않도록 힘주어 지키는 그 생동감에 의지는 살아가려는 경건함을 준다.

저 아름다운 작품에도 지키려는 의지를 살아 있음을 표현한 인간의 정신세계는 나를 반성하게 하고 다시 살아가게 힘을 준다.

검이불루 화이불치
- 검소하지만 누추하지 않도록
화려하지만 사치스럽지 않도록
우리는 나만의 삶 속에서 치열하게 살아가야 한다. -

작가는 기분이 우울할 때 가끔 부여를 방문한다.

소박하고 아직 관광지로 유명해지지 않아 북적함이 없는 고즈넉함이 있는 곳이기도 해서이다. 가장 좋아하는 우리나라의 유물 중 백제 금동대향로를 부여 박물관에 가서 보며 자부심을 느끼고 오기도 한다.

몸통이 연꽃잎으로 둘러싸여 있으며 연꽃 사이에 신선과 동물들이 함께 살고 있는 하나의 세상이 모두 담겨 있다. 나의 시에도 늘 백제 금동대향로의 담긴 조화로운 하나의 세상을 담아내고 싶다.

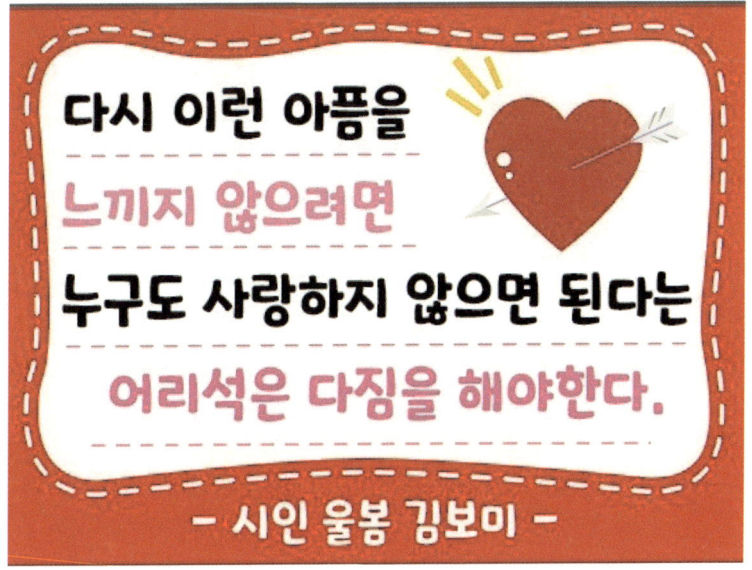

# 백마강

울봄 김보때

낙화암 붉은 글씨에
떨어진 꽃잎들은
고란사 난 꽃으로
너와 나의 근심은 향초로
너와 나의 갈증은 약수로
고란사 대웅전 자비로
살아난다

근심은 가벼이
백마강에 두고 흐르는
강물 위의 키스는 달다

지키는 이 없는
고찰의 나무는
어느 고승의
사리의 뿌리인가

부처의 미소는 인자하고
목탁 소리 기도 소리
고요하니 모든 것이
돌고 돌아 살아난다

백마강이란 시는 낙화암에서 백제의 멸망의 시기에 삼천 궁녀들이 꽃잎처럼 몸을 던져 자살한 혼이 서린 곳이다.

이런 자살을 에밀 뒤르켐은 자살론에서 이타적 자살이라고 한다.

뒤르켐은 자살의 유형을 사회 통합도에 따라 '이기적 자살(egoistic suicide)'과 '이타적 자살(altruistic suicide)'로 구분했고, 사회적 규제에 따라 '아노미적 자살(anomic suicide)'과 '숙명적 자살(fatalistic suicide)'로 구분했다.

첫째, 이기적 자살. 오직 자살자 자신만의 자원에 의존한 채로 하는 자살. 이 유형은 현대 사회의 지나친 개인주의 경향으로 인해 일어나며, 개인이 사회에 통합되지 못하고 소속감을 상실해 발생한다.

둘째, 이타적 자살. 여기에서 이타적이라는 단어는 자살의 이유가 자기 본위적이지 않고 타자 본위적 곧, 남을 위해 죽는다는 의미를 지닌다. 이 유형은 강력한 통합력이 작용하는 – 주로 기계적 연대에 기초한 사회 – 환경에서의 자살로, 개인이 집단에 완전히 동화되어 있어 집단의 목적이나 정체가 자기 자신의 것과 동일시될 때 발생한다.

셋째, 아노미적 자살. 이 유형은 지금까지 당연하게 여겨진 가치관이나 사회 규범이 혼란 상태에 빠졌을 때 자주 일어난다.

넷째, 숙명적 자살. 아주 강력한 압력 곧 구속적 통제가 가해지는 극단의 상황에서 일어나는 자살의 유형. 노예의 자살, 전쟁 포로나 장기 복역수의 자살 등이 있다.

우리 인생 커피 한잔할까?
우리 둘이만 만날까?
우리 남의 인생 살지 말까?
우리만의 시간을 만들자!

- 울봄 김보미

## 주저흔

— 울봄 김보미

고이 간직한 일기장을 살포시 접어 보고
가녀리고 여린 손목으로 화장을 하는 그대여

깊이 보지 마시고 스쳐 지나가는
향기로만 나를 사랑해 주세요

얕은 흔적들이 아프게 할 때
그대 나에게 위로가 되어 주세요

서로를 스쳐갈 때 부드러운 미소로
키스해 주세요

그리워하다 깊이 잠이 들면
다시 그대를 볼 때 살포시 안아 주세요

 자살 시도자분들을 만나면 주저흔을 자주 본다. 특히 청년 여성들에게 많이 볼 수 있다. 들에 핀 작은 계란꽃처럼 손목에 피어 있는 것을 볼 때마다 가슴이 아려서 상담이 끝나고 울기도 많이 했다.

 주저흔은 살고 싶다는 외침이다.
 자해 행동, 즉 Self-injurious behavior는 상동 행동과 구분하여 인지해야 한다.

 자살 의도가 없는 자해의 분류로 현재 가장 많이 인용되는 기준은 4개의 큰 범주로 구분한 분류 체계이다(Favazza, 1996; Favazza & Rosenthal, 1990; Favazza & Simeon, 1995; Simeon & Favazza,

2001에서 재인용).

(1) 상동형(stereotype) -〉 주기적
(2) 유력형(major)
(3) 강박형(compulsive)
(4) 충동형(impulsive)

으로 분류되고 있다.

상동 행동, Stereotypic behavior는 특별한 목적이 없이 손가락을 빨거나 몸을 좌우로 지속적으로 움직이는 자기 자극 행동이기에 자해 행동으로 일어나는 주저흔과는 구분되어야 한다.

## 자살 의도가 없는 자해에 대한 분류 체계들[2]

해당 연구
분류
Menninger (1935)

---

2) Power & Brown, 2010, pp.8~9에서 발췌

1. 신경증적 자해
2. 정신증적 자해
3. 기질성 질환에 의한 자해
4. 종교적 목적에 의한 자해
5. 사춘기 의식의 일환인 자해
6. 정상인들의 습관의 일환인 자해

Ross & McKay (1979)

1. 칼로 긋기
2. 물기
3. 긁기
4. 절단하기
5. 물체 삽입
6. 불로 지지기
7. 섭취 또는 흡입
8. 구타하기
9. 압박하기

DSM_IV-TR (2000)

1. 발모광

2. 경계선 성격 장애

3. 자해 행동이 있는 상동증 운동 장애

4. 다른 곳에 분류되지 않는 충동 조절 장애

Pattison & Kahan (1983)

1. 자살 시도(단일 삽화)

2. 투석과 같은 의학적 치료를 중단

3. 자살 시도(중다 시도)

4. 스턴트와 같이 위험한 수행

5. 비전형적인 고의적 자기 손상(단일 삽화)

6. 급성 만취

7. 고의적 자기 손상 증후군(중다 삽화)

8. 만성 알코올 중독이나 흡연, 심각한 비만 등과 같이 치명도가 낮고 간접적인 손상을 가져오는 행동들

Walsh & Rosen (1988)

1. 자신의 신체에 변형을 가하는 일반적인 행태(귀 뚫기, 손톱 물어뜯기)

2. 의식의 일환으로 자신의 신체에 변형을 가하는 것(펑크 록 피어싱, 아프리카 종족이 몸에 상흔을 새기는 것).

## 좁은 길

— 울봄 김보미

두 손에 깍지를 끼고 걷는다

숨을 크게 들이마시고 걷는다

너와 함께 걷고 싶어서

너와 함께 숨 쉬고 싶어서

이슬빛 풀잎도 가까워지고

노란 꽃 생명도 가까워진다

길이 좁은 것을 탓하던 나에게

마음이 좁은 것을 탓하는 너에게

안개꽃 한가득 길가에 채워 주고 싶다

사랑할 수 없는 것들도 사랑하고 싶어서

용서할 수 없는 것들도 용서하고 싶어서

두 손에 깍지를 끼고 다시 걸어간다

## 고립 증후군

　고립된 공간에서 생활했을 때 감정과 행동이 더 격해지는 심리 현상을 일컫는 말이다.

　마치 좁은 공간에 함께 있으면 작은 자극에도 서로 민감하게 반응하게 되는 것과 같다. 이러한 현상은 남극에 파견된 연구원들과 군인들을 통해 많이 연구됐기 때문에 '남극형 증후군'이라고도 한다.

　누군가 좁은 곳에서 장기간 함께하다 보면 짜증을 내거나 스트레스가 서로 극화되어 폭력적으로 변할 수 있기에 우울증이나 자살 시도자들에게는 주기적으로 넓은 자연에서 마음과 휴식을 가지는 도움들이 절실하다.

 좁은 길을 가다가 큰 바다를 만나는 느낌으로 좁은 길이라는 시를 씁니다.

너는 칭찬해 주고 싶은 사람이야

너는 어여쁜 사람이야

너는 잘할 수 있는 사람이야

내가 너를 그렇게 응원하는 사람이니까


- **울봄 김보미**

너는 내가 아니다. 나는 나를 위해 떳떳하게 살면 된다. 아무도 보지 마라. 너라는 가장 소중한 가치가 있다.

- 울봄 김보미

왜목마을

울봄 김보미

서쪽하늘 왜가리 목아래
태양이 떠오르고 내려오는 바다여

너와함께 슬프도록 아름다운 밤을
너와함께 함박웃음 터지도록 해를

누워있는 너에 목사이에
태양이떠오르고 내려오는 파도여

걷다가 마주친 주상절리 절벽에도
동굴안에 촛불이 밝게 피어나리라

너에 눈동자에 내가 가득있어
사랑함에 부끄럽지않은 바다여


나의 바다 왜목마을이여

충청남도 왜목마을에서

## 울지 마라

- 울봄 김보미

모두 떠나가도
내가 곁을 지키고 있을게

실수해도
서툴러도
넘어져도
울지 마라

모래 안에 있다 해도
진흙 속에 있다 해도

인생의 나침반으로
너만은 찾아가 안아 줄게
울지 마라

할 수 있다
할 수 있다
너는 다시
웃을 수 있다

내가 함께 울고
내가 함께 웃어 줄게
울지 마라

　우리는 서로 생명의 문을 지키고 열어 주고 연결시켜 주는 게이트 키퍼가 되어야 한다.
　초·중·고 학생들에게 자살 예방 교육 즉 게이트 키퍼 교육이 의무화되어야 한다. 매 학기마다 반드시 선교육이 필요하다.
　저출생 국가에서 Gate Keeper는 자살 위험성이 높은 사람을 살리기 위해 조치를 취해 자살 위험군인 사람과 자살 예방 센터 등의 전문 기관 사이에 문을 열어 주는 문지기이고 연결 고리가 되는 사람이다.

　「자살 예방 및 생명 존중 문화 조성을 위한 법률」(자살 예방법)을 도입, 2012년 3월 31일부터 시행함으로써 게이트 키퍼 양성을 통해 자살 고위험군 관리 체계를 구축하였다. 그리고 다양한 자살 예방 프로그

램을 실시하도록 했다.

 따라서 게이트 키퍼로 활동하기 위해서는 생명 존중의 중요성, 자살 현상의 이해와 예방, 자살 위기 시 상담 방법 및 응급 처치 방법 등의 자살 예방 교육 내용을 숙지할 필요가 있다. 상담 과정에서는 일방적인 충고나 설득하는 어투를 사용하지 않도록 주의하고, 자살 위험 대상자의 말을 경청하며 공감하는 접근 방식이 중요시된다.

## 황포돛대

올봄 김보띠

가는길을 모를 때
멀리 가는 배를 타라
어디부터 어디까지
처음과 끝을
큰 가슴으로 보는
배를 타라
하얀 깃대에
태양 색 황토가 스미어
비바람에도
너를 보호하리라
황포돛대에 앉아
가슴을 열어라

바람이 지나가는 길에서는 바람이 되어야 한다

- 울봄 김보미

사람의 팔이 두 개인 것은
자신을 감싸 안아 줄 수 있게
만든 신의 사랑이다


- 울봄 김보미

## 인생 마술사

- 울봄 김보미

반백년 나이테가 최고다 손 주름에 고이 새겨 있구나

너를 꽃처럼 웃게 하려 인생 돌아보니 백발이 수줍게 보랏빛으로
물들어 있구나

두 부부가 마주 보고 웃고 울고
안아 주며 사랑하는구나

눈물이 흐르고 미소가 흐른다

어느 노부부의 마술 속에
인생이 녹아 아름답구나

사랑이다 사랑이야
그리움이구나 그리움이야

오늘도 마술의 연속이고
내일도 마술의 연속이니

하루 안타까워 말고

하루 후회하지 말라


사랑이다 사랑이구나

아름다운 인생이구나


\* 인생디자인 학교 최경수 총장, 이순종 마술사 부부께 드리는 시입니다.

인생디자인 학교 최경수 총장, 이순종 마술사 부부

## 베르테르의 기쁨

— 울봄 김보미

젊은 그대의 입술을 볼 수 있음에 기쁘오

그녀가 나의 이름을 부를 때 기쁘오

유혹하는 노래가 들려올 때 기쁘오

나의 푸른 잎 샤를로테여

나의 고뇌에도 그댄 아름답소

마지막을 적셔도 그대에게

천사들과 하프를 연주하겠소

그대는 처음과 마지막이었소

나의 기쁨 샤를로테여 사랑하오

풋사과에 큐피트의 화살을 간직하며

나의 기쁨 샤를로테여 기다리겠소

나는 그거로 충분히 기쁜 베르테르였소


자살 예방학을 공부하는 분들은 꼭 베르테르 효과와 파파게노 효과를 인지해야 한다. '젊은 베르테르의 슬픔'에서 소유하지 않아도 그 사랑함으로 만족하고 기뻐해야 살아갈 수 있음을 표현한 시가 베르테르의 기쁨이다.

베르테르 효과와 파파게노 효과(papageno effect)를 정반대의 개념으로 인식하기보다는, 베르테르 효과로 유명인의 자살을 보면서 늘어나는 자살율과 파파게노 효과로 자살을 희망으로 이겨내려는 제3자의 효과에 대한 개념으로 자살은 사회적 자살이며 사회적으로 예방할 수 있는 현상 심리임을 작가는 강조하고 싶다.

한 사람을 사랑한다는 건
노을을 느끼고 달을 품고
별빛이 뜨겁게 키스하는
하루가 멈춰 주는 것이다

한 사람을 잃는다는 것은
그 노을과 달과 별이 하루에 없어지는 것이다
그러니 오늘
사랑하고 사랑하라

— 울봄 김보미

파파게노는 사랑하는 파파게나를 잃고 자살을 시도하려 했다. 그때 세 명의 요정들이 부르는 희망의 메시지가 담긴 노래를 듣고 다시 살기로 한 종을 울리고, 죽은 줄 알았던 연인 파파게나가 돌아와 함께 행복한 삶을 살아간다.

이 글귀는 오페라 마술피리를 보며 느낀 점을 시로 담았다.

### 은행보살

— 울봄 김보미

은행나무 사이 보살님이 보살피고

중생의 석탑을 축복해 주는 오늘

색동 한지 고이고이 엮어서 빌어 본다

바위 위에 찬바람으로 연꽃은 피고

스카프 고이 감은 향나무 향이 그윽하다

노란 리본이 어느 소녀의 입술에 놓여

학 두 마리가 은행나무를 보호한다

바스락거리는 소리가 가슴을 녹이고

너만을 바라보며 소원을 빌어 본다

들판에서 쉬고

나무 위에서도 나는 잠들 수 있어

너라는 담벼락이

따스하게 안아 주고 있었거든


- 울봄 김보미

### 청춘 인생 힘내 보자

— 울봄 김보미

취업에서도 떨어지고

사랑에서도 차여 보고

돈도 사기당해 보고

아래로 떨어져 보라

지하로 지하로

추락하라

내가 바로 아래에

늘 있기에

네가 바닥이 아님을

## 순결한 사랑

– 울봄 김보미

부드러운 꽃잎으로 태어나라

아기의 피부로 그대를 감싸고

한겨울에 흔적도 순백으로 색칠하라

그대에게만 순결하게 피어난다

초록 가지마다 봉오리가 옹골지다

여명에 이슬도 차분히 잠을 잔다

순결하게 순수하게 사랑하라

## 낮과 밤

— 울봄 김보미

그대와 하루를 보내고
흐르는 강물 위에 서 있다

낮은 흐르고 밤으로 가고
마음은 흘러 그대에게 가 있다

아직은 얼음 아래 흐르는 밤이지만
이내 봄 하늘 아래 흐르는 낮이 되었다

지금 갈색이라 해도 희망이 있다
희망이라는 그대에게 밤과 낮이 있다

희망이라는 심리학 용어는 고유 한국어 표기는 바람이다.

우울증 환자와 자살 시도자에게 희망 즉 바람이 없어진 밤의 상태가 온다.

이를 위해서는 작은 희망이라도 낮을 심어 주는 심리 치료가 필요하다.

낮은 희망이 있는 상태이고 밤은 희망을 잃어버린 무조감 상태를 뜻한다.

자살 예방학을 공부하는 사람들에게 희망 이론은 꼭 알아야하는 중요한 개념이다.

## 연극 인생

– 울봄 김보미

고드름 물방울이 녹아내리듯

화장과 무대복을 녹아내리고

연극에서 벗어나 너의 자아를 보라

상상 속에서 나와 너를 그대로 보라

배우는 아름답고 찬란하게 입장한다

너의 자아로 다시 태어나서 퇴장하라

연극은 시작에서 발레리나여 춤을 추어라

인생의 끝에서 발레리나여 다시 춤을 추어라

영혼의 아름다운 세상을 보라

너만의 연극을 기쁘게 즐겨라

연극은 너라는 자신의 만남에서 시작되고

너라는 자아로 마무리하는 여정이다

그 존재로 아름답고 위대하다

연극성 성격 장애는 특히 여성의 경우 어머니로부터 양육이 결핍되었을 때, 아버지 혹은 남성을 통해 보상받으며 관심이나 과장된 행동의 강화가 극단으로 되어 산만하고 구체적 부분에 집중하지 못하는 장애를 말한다.

누구나 살아가면서 가끔은 타인의 주목을 받고 싶어 과잉된 감정을 표출할 수 있다.

이제는 타인의 시선, 타인의 기준에서 벗어나서 내가 행복하고 내가 잘 살아갈 수 있는 셀프 인생에 집중해야 한다.


지나간 사랑을 그리워 말고
지금 다가온 사랑에 집중하라

떠나간 시간에 아쉬워 말고
오늘 지나가는 시간에 집중하라

오늘이 나의 마지막일지
내일이 나의 처음일지

누구도 알 수 없음에 감사하라

- 울봄 김보미

힘들면 아프면

급하게 일어나지 마

나의 무릎 위에 잠들어 쉬어

**- 울봄 김보미**


누구나 살아가면서

서럽다 울고

아파서 울고

기뻐서 울고

외로워서 울고

사랑해서 울고

삶의 시계는 울면서 흘러가는 것이다!

**- 울봄 김보미**

## 허리띠로 구타당하던 중학생

인간의 생명은 둘도 없이 귀중한 것이다. 그러나 우리는 언제나 어떤 것이 생명보다 훨씬 더 큰 가치를 갖고 있는 듯이 행동한다. 그러나 그 어떤 것이란 무엇인가?

- 생텍쥐페리

인간의 생명은 소중하다는 걸 잘 안다. 그러나 죽고 싶다는 이유를 찾는 걸 더 잘한다.

- 울봄 보미 생각

병원에서 15년을 근무했고, 현재는 21년째 봉사 활동을 하고 있다. 이 일을 하면서 여러 상황들을 겪었다. 죽고 싶어 하는 사람, 살고 싶어 하는 사람, 내가 간신히 살려 낸 사람, 죽은 후 발견된 사람 등 여러 사람들을 만났다. 그 이야기들을 풀어 보겠다. 다만, 이 책에선 원고의 지면이 작아 몇 가지 사례만 다루고, 나머지 이야기는 4번째 시리즈에서 하도록 하겠다.

2012년 나는 사회복지사의 소개로 수철이(가명)를 만났다. 처음 만났을 당시 수철이는 뼈만 남은 앙상한 체구였다. 만나자마자 수철이는 내게 욕설을 퍼부었다. 너도 잘난 척하려고 왔느냐고, 선심 쓰려고 왔느냐고 내게 소리쳤다. 자신은 곧 죽을 거라고, 그러니 아무도 필요 없다며

나가란다. 마음의 문을 굳게 닫고 있었던 셈이다. 그렇게 그 아이가 내게 문을 열어 주기까지는 6개월이라는 시간이 필요했다. 난 매달 수철이에게 주문 도시락을 배달다. '힘내'라는 메모와 좋은 명언을 적어 도시락과 함께 동봉해서 보내곤 했다. 알코올 중독자인 수철이의 아빠는 술만 마신 날이면 허리띠로 수철이를 때리곤 했다. 어느 날은 수철이로부터 웬일로 전화가 왔다. 수화기 너머 수철이의 목소리엔 힘이 없었다. 그날도 아빠에게 맞아 아픈 모양이었다. 나는 곧장 수철이네 집으로 달려갔다. 수철이는 온몸이 피투성이가 되어 이불 속에 누워 있었다. 그 아이는 제발 자신을 죽여 달라며 울고불고했다. 가뜩이나 바싹 마른 아이가 그런 모습을 보이니 더욱 안쓰러웠다. 낙엽 같은 그 아이를 꽉 안아 주지도 못했다. 나는 수철이를 데리고 집을 조심스레 나왔다. 아빠와 분리시키기 위해서였다. 병원 치료를 시작하고 사회복지사와 연계시켜 주었다.

  시간이 흘러 수철이는 이제 어엿한 성인이 되었다. 대학생이 되어 한의학을 공부하고 있다. 나를 엄마라고 부르기도 한다. 수철이는 한때 죽을 결심을 하고 수면제 200알을 모았다고 한다. 자살하려던 어느 날, 내가 싸 준 도시락을 먹고 죽어야 저승길 갈 때 배고프지 않을 듯해서 열심히 먹었다고 한다. 급하게 먹었기 때문인지, 배탈이 나는 바람에 설사를 했단다. 이렇게 계속 설사를 하다간 죽겠구나 싶었다고. 그런데 신기하게도 그 순간 수철이는 죽고 싶은 생각보다도 배가 안 아팠으면 좋겠다는 생각이 먼저 들었단다. '내가 죽으려고 했는데 똥도 못 참는 게 인간이구나! 내가 그동안 아빠 탓, 사회 탓만 했구나! 나를 위해 살려고 시도해 보지 않았구나!' 이런 생각이 번개처럼 들었다고 했다. 문득 정신이 든 것이다. 지금은 한의사를 준비하며 남을 살리는 사람이 되겠다고 열심히 공부한다. 수철이는 가끔 우울증이 올 때면 내게 전화를 한다. 그러면 난 들꽃 사진이며 좋은 글귀를 보내 주며 토닥여 준다. 지금껏 살아 준 것도 고맙다고, 너도 누군가를 꼭 살리는 의사가 되라고 응원해 준다. 대신 내겐 특별히 한약 한 첩은 공짜로 줄 수 없냐며 농담 삼아 말하기도 한다.

지금도 가정에서 학대받는 아이들을 상대로 하는 매칭 요청이 들어올 때가 잇다. 그럴 때면 나는 편지나 메모를 도시락이나 식자재와 함께 보내 주곤 한다. 때론 한 줄의 글이 사람을 살리기도 한다. 또한 맛없는 나의 도시락이 사람을 살리게 한다고 믿는다. 충고와 잔소리, 뻔한 말들로는 자살하려는 사람의 마음을 바꿀 수 없다. 마음을 바꿀 수 있게 하는 힘은 상대방과 함께 울어 주고, 그 사람의 말을 들어주는 일에서부터 출발한다. 기꺼이 그 사람을 받아들이면 그 사람이 살더라. 마지막 절벽에서 핀 꽃을 잡으려 하지 말자. 그냥 아껴 주자. 자살의 이유에는 사회적 측면, 내면적 측면, 환경적 측면이 복합 작용하고 있다고 생각한다. 수철이의 사연은 이런 사실을 증명해 주는 사례라고 할 수 있다.

# 커피 10잔 할머님

그 사막에서 그는 너무나 외로워 때로는 뒷걸음질로 걸었다. 자기 앞에 찍힌 발자국을 보려고.

- 오르텅스 블루, '사막' 중에서

그 함박눈 길을 그녀는 한동안 걸어가지 못했다. 첫 발자국에 외로움을 견디고 서 있어야 했다.

- 울봄 보미 생각

우리 축복봉사단은 매달 각 가정을 일대일로 찾아가는 매칭 봉사를 진행 중이다. 남양주시에 위치한 어느 가정집, 그곳의 어르신을 처음 방문했을 때의 일이다. 나와 임원진 2명이 방문했는데, 어르신은 커피를 주시겠다며 물을 천천히 끓이고 있었다. 어르신은 이내 곧 10잔의 커피를 타 오셨다. 10잔이라니, 두 사람이 먹기엔 너무 많은 양이 아닌가. 임원진과 나는 어르신이 치매를 겪고 있다고 생각했다. 커피를 마시며 할머님께서 꺼내 오신 오래된 사진 앨범을 보았다. 우리는 할머니와 함께 앨범을 한 장씩 넘겨 가며 사진을 구경했다. 말동무가 되어 주었다. 그렇게 오래된 사진을 구경하다가 이만 갈 시간이 되어 자리에서 일어났다. 나는 어르신에게 "어르신, 저희 다음 달에 또 올게요. 필요한 게 있으세요?"라고 여쭈었다. 집 안에 수리해야 할 부분이 있느냐고 물었다.

그러자 어르신은 내 손을 꼭 잡고 답변하시길 "물건은 필요하면 사면 되고, 집은 좀 망가지면 고치면 돼요. 단장님 커피 10잔을 타 드린 이유는 그 10잔을 다 마시고 나와 있어 주는 시간이 필요해서 그런 거예요."라고 말했다. 그 말을 듣고 우리는 서로를 끌어안고 한참이나 울었다. 임원진을 먼저 다른 가정으로 보낸 후 나는 어르신의 집에 조금 더 머물기로 했다. 어르신의 결혼식 사진, 아이들 키우신 이야기 등 이야기꽃을 피웠다. 그러고선 노을이 질 무렵에야 집에서 나왔다.

봉사를 하다 보면 어느 날 섬광처럼 깨달음을 주는 사건들이 발생한다. 울기도 많이 울고 웃기도 많이 웃고, 돈이 모자라면 아르바이트도 하고, 늘 다사다난하다. 하지만 이러한 봉사 활동이 내가 삶을 살아가게 하는 원동력이 된다. 우울증으로부터 잠시나마 벗어날 수 있게 해 주는 힘이 되는 것이다. 사람은 누구나 외롭고 힘들고 우울하다. 스스로 나 자신을 사랑하려면 우선 남을 사랑하는 방법을 알아야 한다. 인간은 혼자서는 살 수 없는 존재다. 지구촌 시대인 만큼 타인과 더불어 사는 삶의 중요성은 더욱 커지고 있다.

나는 에밀 뒤르켐의 《자살론》에서 나온 문구처럼 사회가 변하고 규범이나 시스템이 교차되어 이중적인 규범들이 생기는 혼돈의 시기에 자살이 많이 일어난다고 생각한다. 분명히 2030년까지 우리 사회는 엄청난 4차 혁명의 혼돈을 겪을 것이다. 그로 인해 자살 시도를 하는 사람들의 숫자는 더욱 증가할 것이다. 이런 사회일수록 복지 제도가 더욱 필요하다. 특정한 가정집과 일대일로 결연을 맺어 집중적으로 돌보는 일명 '매칭 가정 봉사'는 중요한 복지 제도라고 할 수 있다.

이 봉사를 시작한 지도 어느덧 10년 정도가 흘렀다. 처음에는 어설프게 한두 가정을 후원하는 방식을 취했다. 그러다가 출산과 육아 문제로 2년의 공백기를 가지게 되었다. 검안 의사 과정을 위해 유학을 준비하고 있던 나에게 갑작스러운 임신 소식은 나를 우울하게 하였다. 이로 인해 모든 걸 내려놓으려고 한 적도 있었다. 처음에는 내가 맡은 가정에 수술비나 생활비만 지원해 드리고 찾아가지 않았다. 그러다가 어느 날 독거노인 한 분이 고독사한 일이 발생했다. 사인은 자살이었다. 죽은 지 10일 만에 발견되었다고 했다. 나는 그 소식을 듣고 정신이 번쩍 들었다. 내가 내려놓으면 그 많은 가정의 생명 역시 위험하다는 걸 느꼈다. 그 후로 해당 가정에 직접 찾아가는 방문 봉사를 시작했다. 나의 두 아이가 어려서, 시간이 없어서, 놀고 싶어서 등등 많은 이유를 뒤로하고 두 아이의 고사리손을 잡고 찾아가기 시작했다. 이 글을 쓰는 지금 현재, 두 아이는 4살, 10살이다. 2년 전부터 '남양주시 북부 희망케어'의 류시혁 센터장님과 함께 봉사를 체계적으로 시작했다. 고심 끝에 남양주시 오남 지역 독거노인 가정과 매칭을 맺고 매달 찾아가는 봉사를 하기로 한 것이다. 현재는 총 50개의 가정을 매달 셋째 주 화요일과 목요일에 찾아가는 봉사 활동을 진행 중이다.

작년 겨울이었다. 성탄절이라서 방문 날짜를 한 주 미뤘다가 우리 매칭 가정 어르신을 홀로 지내게 한 사건이 일어났다. 혹시나 해서 아무리 전화를 해도 받지 않으셨다. 불길한 예감이 머릿속을 스쳤고, 예감은 적중했다. 아버님께 1년간 막걸리와 소주 한 병도 드리지 못했는데, 하늘로 가신 것이다. 한스러운 마음에 나는 그만 자리에 주저앉아서 오열했다. 알코올 중독과 우울증이 심해져 잠들기 전엔 꼭 소주에 수면제를 드시고 주무신다던 어르신이었다. 나는 매달 어르신을 찾아갈 때마다 소주 한 병이나 막걸리 한 병을 사 들고 가곤 했다. 어르신에게 술 한 잔 따라 드리면서 "오늘은 조금만 줄여 보세요.", "안주랑 밥도 드셔 보세요."라고 말하곤 했다. 그러면 어르신은 행복해하셨다. 김치를 가져다 드리면 어르신은 보답이라는 듯 내게 우리 둘째 아들 사탕이라며 작은 사탕 하나를 내밀곤 하셨다. 그 주름 많던 손을 잡아 보고 싶다.

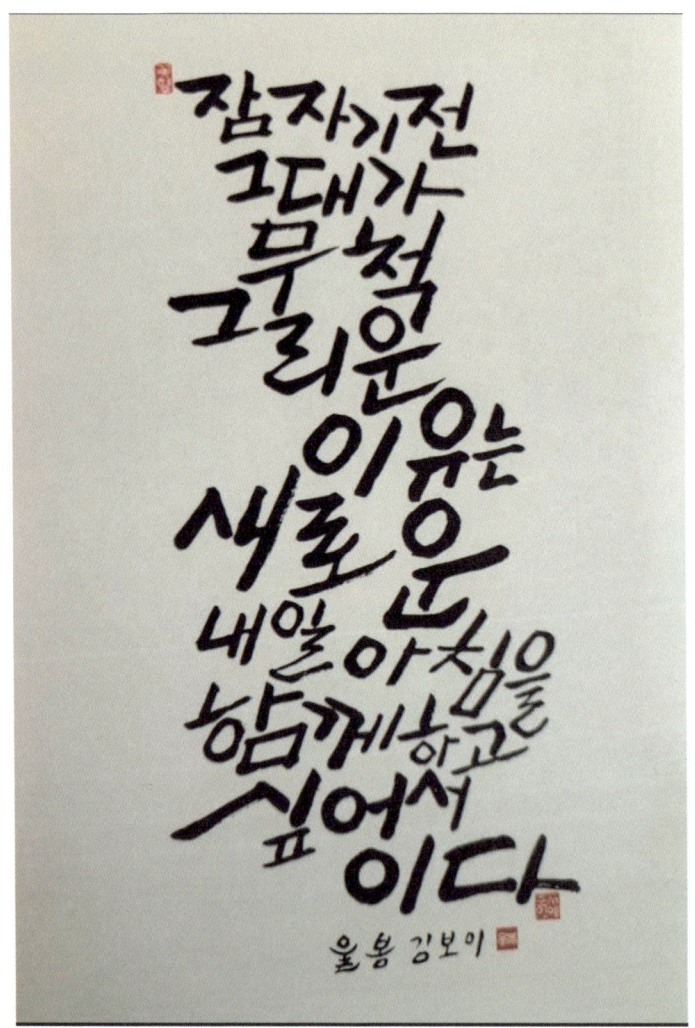

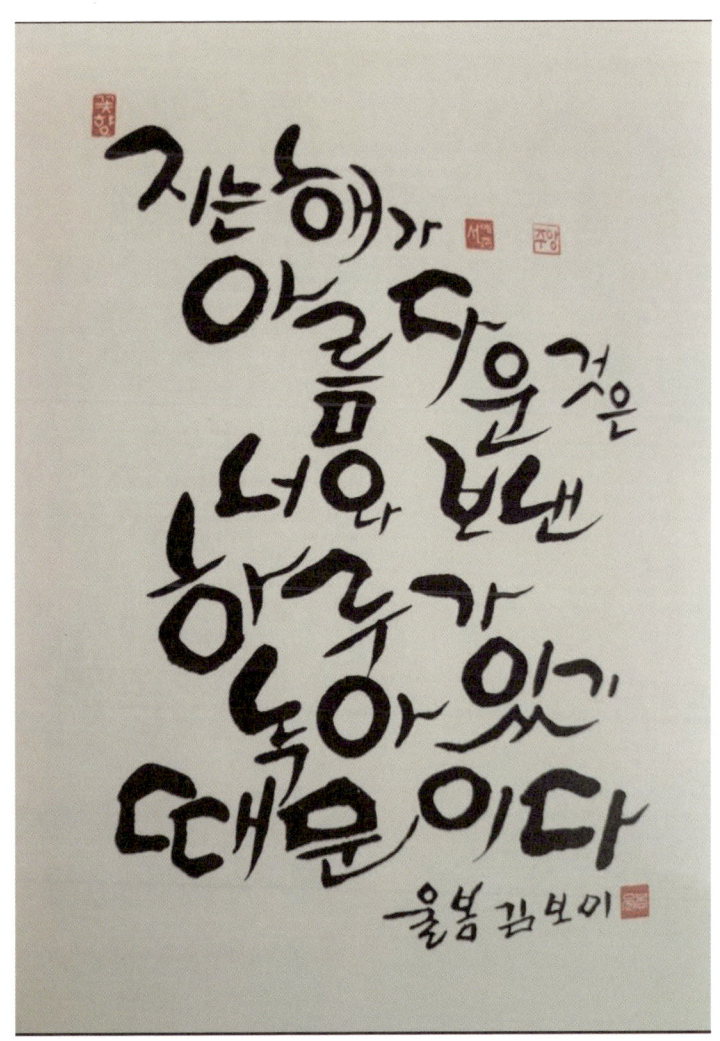

호 – 울봄

의미 – 우리의 봄(봄은 어둡고 밝음을 차별하지 않고 온다는 뜻)

구리·남양주 지부장 : 김보미

### 주요경력

- 현)한국자살예방센터 구리 남양주 지부장
- 현)참좋은지방정부 정책자문위원
- 현)민주평화통일자문회의 자문위원
- 현)더불어민주당 경기도당 동물보호특별위원회 공동위원장
- 현)(사)도전한국인 경기도 회장
- 현)사)독도문화협회 중앙대의원
- 현)한국강사교육진흥원 전임강사
- 현)법정의무교육 전문강사
- 현)자살예방 리더십 전문강사
- 현)동물보호단체 라이프 고문위원
- 현)대한민국 축복봉사단 설립대표
- 현)1004클럽 나눔공동체 경기북부 총괄본부장
- 현)세계자연특별시연합 경기도 위원장
- 현)사)한국출산장려협회 중앙회 부총재

### 강의분야 및 주제

- 생명존중 자살예방 전문강사
- 자원봉사자 기본 긍급 고급 강의
- 기초 정치학 개념강의
- 성희롱예방 교육포함 5대 법정의무교육
- 대표리더십 / 시 쉽게 쓰는법
- 아동폭력예방 강의/SNS마케팅
- 자살예방학의 실제사례
- 자원봉사자 기초교육과 청소년대상 교육
- 기초 정치학 개념과 사례
- 아동폭력예방 개념과 실제사례

### 자격사항

- 청소년자살예방지도사
- 심리상담사 1급
- 안경사(보건복지부)
- 사회복지사 2급
- 바리스타 자격증
- 기업강사 1급
- 부모교육상담사 1급
- 한국장류발효조사 2급
- 학교폭력상담사 1급
- 아동폭력예방지도사 1급
- 국민4대보험사 2급
- 노인교육강사 1급
- 안전교육지도사 1급
- 자원봉사지도사 1급
- 독서지도사 1급
- 방과후지도사 2급
- 심리분석사 1급
- 도형심리상담사 2급
- 독서논술지도사 1급
- 요양보호사,간호조무사
- 건강가정사
- 생명존중 전문강사

### 과정수료내역

- 고려대교육원 매너CS강사 과정
- 고려대교육원 명강사 최고위 과정
- 이화여대 병원코디네이터 과정
- 법정의무교육 강사 양성과정 (성희롱예방, 직장내 괴롭힘, 장애인식개선)
- 한국강사교육진흥원 전임강사 1기(2020.8)
- 지역정치학교 더로컬1기 수료(2021) (더로컬 1기 동문회 공동회장)
- 사)여성의정 정치학교 전문교육과정 수료(2021)
- 여성입법정책전문가 수료(2022)

### 저서

- 고려대명강사25시_세상을 향해 꿈을 품다
- 지금사랑하고 다시사랑하라1,2편

### 수상내역

- 2018.9.4   구리시 시민모범부문 공로표창
- 2019.8.1   윤호중 국회의원 봉사부문 표창
- 2019.12.7  구리시의회 모범시민 표창
- 2019.12.28 고려대교육원 명강사 최고위과정 명강사대상 수상
- 2020.12.5  경기도의회의장 봉사 표창
- 2020.12.26 한국을빛낸인물 대상
- 2020.12.31 남양주시의회 봉사 표창
- 2021.1.18  남양주시장 모범시민 표창
- 2021.6.26  대한시문학협회 신인문학상
- 2021.11.20 대한민국 문화교육 대상
- 2021.12.4  한국중앙자원봉사센터장 표창
  외 다수표창

### 강의문의및상담

- 전화번호 : 010-9498-1602
- 메일주소 : kbm2019128@naver.com

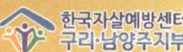
한국자살예방센터
구리·남양주지부

김보미 지부장
페이스북QR코드

# 맺는말

마지막으로 자살을 공부하고 학문으로 연구하기를 원하시는 분들이나 강의를 하실 분들 포함 관심 분야 독자님들이 검색할 주요 키워드를 함께 올려드립니다.

자살은 사회적인 문제이며 충분히 예방이 가능한 질병이라 개인적으로 생각합니다. 4번째 시리즈로 다음 이야기는 찾아뵙겠습니다.

#자살학 검색 후 공부할 키워드 정리 - 김보미 강사

#베르테르 효과
#파파게노 효과
#플라시보 효과 - 동기 부여와 함께 긍정 중요함도 검색
#무망감 - 무조감 무망감 우울감 우울증의 차이
- 정동 장애 등도 검색
#주저흔 - 주저흔의 종류와 이유
#자살 동기와 의도
#자살 경력
#심리 부검
#자살학
#트라우마

#트리거

#외상성 슬픔

#자살 징후

#게이트 키퍼

#위기 개입

#고립 효과 - 측정 집단 혹은 군인들의 자살 예방에 필요한 개념

#바넘 효과 - 미국의 곡예단에서 사람 성격을 맞히던 애매모호한 말들로 외로운 사람은 쉽게 동화된다.

#깨진 유리창 이론 - 심리적 부검을 정기적으로 해야 하는 이유

#나르시스트 - 반사회적 인격 장애 함께 공부하시길

#회복 탄력성

#자아 존중감

#퍼스널 브랜딩

#조력 자살 - 스위스 조력 자살

캡슐 사코르 함께 공부하시길

#생명 존중

#빈 둥지 증후군 - 중년의 자살 예방 시 필요한 개념

#에밀 뒤르켐 자살론

#이기적 자살

#이타적 자살

#아노미적 자살

#숙명적 자살

#에드윈 슈나이트만의 이론

#죽음의 추구자

#죽음의 개시자

#죽음의 무시자

#죽음의도전자

#반의도성 자살

#살해 후 자살

#존엄사

#안락사

#자살 통계

#사회적 고립

#독거사

#생명 지킴이

#인지 행동 치료

#내적 작동 모델

#중독의 종류

#뇌의 보상회로

#팝콘 브레인

#중독된 뇌

#돌고래 피터의 자살